資産はこの「黄金株」で殖やしなさい！

2024-2025

日経平均は8万円を目指す

乱世を勝ち抜く投資頭脳の磨き方

投資家・ストラテジスト

菅下清廣

Kiyohiro Sugashita

実務教育出版

はじめに

　日本、そして世界は、今まさに弱肉強食、戦国時代の様相を呈しています。

　日々悲惨な事故、事件が報道され、ネットの世界では詐欺が横行し、身ぐるみ剥がされる犯罪も頻発しています。

　私は、2年前のロシアのウクライナ侵攻からこの動乱が始まったと見ています。

　今この時に生きている私たちはいったいどうしたらよいのか。

　生活の安全、資産の保全を真剣に考えなくてはなりません。読者の皆さんの中にも日々言葉に尽くし難い、言い知れぬ不安を抱えている方が多いと思います。

　海外に目を向ければロシアのプーチン大統領は「戦術核」の使用をちらつかせ欧米を威嚇し続けています。現在のヨーロッパは激しい物価高に苦しみ、「第三次世界大戦が近い」と見る識者も増えています。

　日本人の私たちは平和なこの国に生活できる幸せを感じつつ、近い将来に不安を覚えている。できるなら資産を確実に確保し、経済的不安から脱していきたいと誰もが願っているでしょう。

そのためには投資が不可欠です。富豪や大スター、特別なスキルでもない限り、大きくお金を殖やすことができないからです。

　本書は新 NISA のスタートで初めて投資に参加したり、投資初心者の方々にもわかりやすく、参考になるようエッセンスをまとめてあります。もちろんこれまでの私の著作をほとんど読んでいただいているコアな読者の方々にも満足していただけるよう、情報と大局観、投資で勝つための重要なファクトをまとめて紹介しました。

　毎回巻末で紹介する黄金株（投資に役立つ厳選の銘柄）に関しては、大企業の株でまだ割安感のあるバリュー株を 20 銘柄、大企業ではありませんが今後成長が大いに期待できるグロース株を 10 銘柄、選出しました。

　グロースは「着実に資産を殖やしたい気持ちもあるが、成長株系の情報も欲しい」という若い投資家の方々のために、バリューは投資歴の長い方や、投資経験は浅いができるだけ確実な線で資産を安定させたいと願う高齢の方々のために選んでいます。
　なお、本書の制作都合上、それぞれの銘柄のチャートは読者の皆さんが本書を手に取った時とは、引け値ベースにタイムラグがあります。チャートの見方、株価の見方、先を読むレッスンとして掲載していますので、ご了承ください。

＊　　　　　＊　　　　　＊

株価のチャートを見る場合には基本的に 3 つの定理、法則があ

ることを私はこれまで、読者の皆さん、会員の皆さんに何度も解説してきました。

　そのポイントはまず第一に、株価上昇のサイン、上昇トレンドを判断するには、

●ダブルボトムが入る

かどうか、チャートでチェックできなければなりません。

　ダブルボトムとは、1回目の底値から期間をおいて2回目の底値をつけた時。その後株価が上昇トレンドに移行する前兆となることが多い。ダブルボトムの際の株価のチャートの形は、ちょうどアルファベットのWの字に似ています。底値が2回だけでなく3回になるトリプルボトムの場合もあります。これは投資で成功するホップ、ステップ、ジャンプのための第一段階、ホップです。

　次に重要なポイントは、

●底入れして上がり始めた後、直近の高値を突破する

かどうかです。

　直近の高値を上回ってくると上昇トレンド。この場合、株価は上マドを開けて上がる場合が多い。上にマドを開けて直近の高値を突破したら、ホップの次、ステップになる。投資の中級者レベルの人はここで買うことが多いでしょう。

　中級以上の人、上級者レベルになると、次の段階、

●上がって新高値をつける

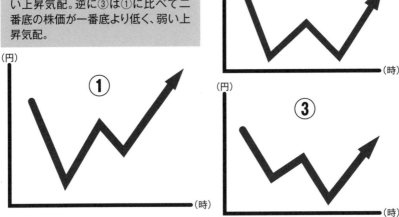

ダブルボトムの３つのパターン

ダブルボトムは、一番底、二番底のダブルボトムで上昇気流トレンドの出発点。②はもっともオーソドックスなW形、①は二番底の株価が最も高い、強い上昇気配。逆に③は①に比べて二番底の株価が一番底より低く、弱い上昇気配。

（円）

①

（時）

（円）

②

（時）

（円）

③

（時）

時に買いに入ります。

　これがウォール街や兜町のプロの考え方。通常は新高値を買うのは勇気のいることですが、プロにはそれができる。むしろプロは新高値をつけるような株を買わないといけないという不文律、矜持のようなものがあります。これが、ホップ、ステップの次、ジャンプです。

　この３つのステップはどんな株価の局面でも応用できますので是非覚えておいてください。

　逆に下降トレンドを見抜くにはどうすればよいか。

●ダブルトップもしくはトリプルトップを確認する

　ことです。ダブルボトム、トリプルボトムの逆です。

「これは天井だ」と判断したら売らないといけない。この場合も1回目の天井（トップ）の後、時間をおいて2回目の天井をつけたとわかれば、株価はその後下降トレンドに入るかもしれないと予想できます。これがわかるようになれば投資では中級以上のレベル。ダブルトップをつけたら売ることを考える。この際の株価のチャートの形は、ちょうどアルファベットのMの字に似ています。

　特に2回目のトップ（天井）が、1回目のトップ後にあった安値を下回った時は要注意。売る判断が必要です。上昇トレンドと同様、3回目の天井をつけた後に下降するトリプルトップの場合もあります。

　以上のトレンドを見抜く法方については、『株は波動が9割』（実務教育出版）で詳しく解説しています。未読の方はぜひ参考にしてください。

　本書では、
「これからの株価、とくに2024年後半の株価はどうなるか」
「今の日経平均はバブルで、いずれ近いうちにバブルははじけるのではないか」
　という多くの方が持つ問いや疑問に答える形で私の大局観を解説しました。
　結論から言えば、
「日本の株価は当面、上げ潮相場が続く」
　というのが現段階の私の相場観です。

よほどの外的要因（海外の大きな問題）がない限り、2024年後半から向こう3年間は上げ潮相場、大企業株の底上げ相場が続くのではないかと予測しています。

特にバリュー株を買われている方は、2024年後半から2025年以降の中長期の目線も必要だと思われますので、本書では私の「先読み」とその根拠を解説しました。その先には、

「2029年までに日経平均株価は8万円台になる」

という私の究極の大局観があります。詳しくは本書をお読みください。

もちろんグロース株で勝負したい人には短期的予測も必要で、その点も本書では注意点など詳しく解説してあります。

なお、最近投資をめぐる詐欺行為が横行しています。菅下清廣の名前を無許可で使用し、菅下清廣のアシスタントと称して、詐欺の投資情報を流している詐欺集団の報告が弊社にも届いています。残念ながらすでに実害が出ている方からの報告もありました。これらはもちろん菅下清廣、弊社ともに全く関わりがありませんので、くれぐれも読者の皆さんは騙されないようにご注意ください。

幸い私の主催する無料の「スガシタレポートオンライン」を登録している約1万人の方、有料会員制スガシタボイスの会員の方からは被害の連絡はいただいておりません。そのためにも無料のメルマガ「スガシタレポートオンライン」の登録をおすすめしているのです。

偽情報、偽メールが横行する今、本書で「投資に勝つ力」だけでなく、「情報を見極める力」もつけてほしいと願っています。

　繰り返しますが今は戦国時代。日本も世界も過酷な時代に突入しました。世界中の人々、そして一部の日本人の道徳観が地に落ちている時代です。
　しかし考え方を変えれば、

戦国時代こそビッグチャンス

というのは歴史から学べる法則でもあります。
　上が下になり下が上になる下剋上の世の中にこそ、這い上がるチャンスがある。逆にどんな大企業でも蟻の一穴で瓦解する危険性をはらんでいる。戦国の時代は新陳代謝が起こり、次々と革新的な企業が登場したり、斬新な思想と行動力に長けた人物が続々と登場してくる時でもあるのです。
　尾張（今の愛知県）の一足軽でしかなかった豊臣秀吉が織田信長に見出され天下人となった出世訓も、戦国時代ならではの出来事でしょう。

　今は、戦争経済そのものです。株もビットコインも資源も高騰している。ビットコインは1コイン1000万円を超えました。金は1オンス2300ドル。かつてない高値を更新しています。普通ではあり得ないことが起こっている、それが今です。

　この波乱万丈の時代をチャンスと見てジャンプできるかどうかは、皆さん次第。本書がその機会のワンチャンスとなって、資産

運用、資産形成に一役買えれば、これほど嬉しいことはありません。読者諸兄のご健闘を祈っています。

令和6年6月

菅下清廣

目次

第2章

「円安」「金融緩和継続」「AI革命」が日本市場を塗り替える！

第**3**章
迫り来る日本の地政学的リスク

第**4**章

インフレ時代の投資戦略
バリューの一流株からお宝株を発掘せよ

巻末付録

2024 年に狙う至極の黄金株 30

波動で読む主要経済指標

第 1 章

日経平均 4 万円突破の衝撃

予測通りの4万円台突入

　ついにと言うべきか、遅すぎたと言うべきか、日経平均株価が4万円時代に突入しました。私の本を読んでいる方々からは、

「先生の予想が見事に的中した」

「予測した通りになって本当に驚きました」

　との声をたくさんいただきました。日本株が上昇し4万円台になると具体的に時期と金額を予測した投資家は、知る限り私だけだと思います。

　三菱UFJモルガン・スタンレー景気循環研究所所長で著名エコノミストでもある嶋中雄二氏は、日本経済の短期、中期、長期、超長期の循環の研究が専門、日本のバブル崩壊をいち早く予測したことでも有名です。

　彼は卓越した景気循環論から、

2023年から3年間、日本経済はゴールデンサイクルに入った

と唱えています。

　ゴールデンサイクルとは4つの景気の波がすべて上昇期に入るという未曽有の景気循環です。その説を裏づけるかのように、2023年の我が国の設備投資額はバブル時代以来の100兆円を突破、2024年も100兆円規模が予想されています。

　これは2023年4月からの円安、脱デフレによる資産インフレ相場の到来で、バリュー株の底上げ相場がスタートするという私

の大局観と一致しています。さらに新 NISA 相場でバリュー、グロースともにさらなる底上げ相場が始まろうとしている。

　主要メディアは、

「株式市場における AI 革命、AI 関連企業の株価が市場を牽引、34 年ぶりの大相場がやって来た」

　等と報じていますが、この大相場は AI だけが原因ではありません。AI 関連株を必要以上に重視すると株価の流れの大局を見誤るリスクがあると私は見ています。

　プロの投資家、機関投資家の中には日経平均高騰の波で、極端なことを言えばタイミングさえ外さなければ、バリュー株（割安株、おもに安定して成長している大企業株）でもグロース株（成長株、おもに成長率の高い新興企業株）でも儲かるという強気派がいます。

　ただ彼らの大方の予想とは違い私は、

日経平均株価はいずれ 8 万円台を目指すだろう

と予測します。

さらなる高みへと向かう日本株

コロナ騒動のさなか、2020 年春頃より、

日経平均は 4 万円台を目指す

と予想していた私は、無料のメルマガ「スガシタレポートオン

ライン」で告知し、2024年で11年目を迎える有料情報配信サービス「スガシタボイス」の会員の皆さんにも詳しく伝えてきました。

　証券会社のアナリスト、経済紙誌の記者、あるいは経済学者、投資家の誰もがコロナ禍で未来に悲観的であった時、私だけが「4万円を目指す」と著書でも明確に予測したのです。それは単なる楽観主義ではなく、株価の動きを波動で見る、私の独自の理論に裏打ちされた大局観からです。

　楽観シナリオ、悲観シナリオ、その中間の中立シナリオと3本立てで今後の株価の行方を占うことは簡単ですが、私は今回もこれまで通り自分の波動理論と、それを裏付けるイベントの情報とのマッチングによって、

日経平均は今後8万円を目指す

と見ているのです。

　ではその大局観の土台を成す根拠とは何か。長期的、中期的、短期的の3つの流れから詳しく解説していきましょう。

波動の出発点とは何か

　現在の株価の動きから近未来の動きを予測するには、現在の株価の流れの出発点はどこかを確かめる必要があります。

　流れの出発点がわかれば、現在から未来への流れもある程度予測することができるからです。

　では、長期的流れ、現在の株価を長期波動として見た場合、その出発点はどこだったか。

　それは 2008 年 9 月のリーマンショックを織り込んだ翌年 2009 年 3 月 10 日の大安値、大底の 7054 円です。ここが今の株価の長期波動の出発点でした。

　なんと 1989 年バブルで大天井をつけた後、ぴったり 20 年後の 2009 年でした。20 年の波動でぴったり底入れした。

　だから、

再び 20 年後の 2029 年近辺で高値をつける

という予測があり得るのです。

　なぜなら波動は繰り返すからです。

　つまりこの先の長期波動は、

20 年後の 2029 年までに 8 万円を目指す

と見ることができる。

　時間の波動は、**長期波動の場合 3 年、7 年、20 年**というサイクル（波動）の3種類と、有名な経済理論**「コンドラチェフの波」の 40 ～ 60 年**というサイクルの計4種類が重要です。

　日経平均株価は 1989 年 12 月末に 3 万 8915 円をつけ、そこから下落トレンド、大底を入れたのが 20 年後の 2009 年。次は大局で上昇トレンドが続いて 20 年後の 2029 年までに高値をつけると予想できる。あくまで、波動から見る仮説目標です。この波動通りの上昇トレンドが続くかどうかを日々の情報を分析して確かめているのです。

2009年3月と2020年2〜3月でダブルボトム

2012年12月
自民党が政権に返り咲き
第一次安倍内閣による
アベノミクス相場のはじまり

7,054円
一番底
2009年3月、リーマンショック（2008年）を
織り込んでの底入れ

（縦軸：円）
30,000
25,000
20,000
15,000
10,000
5,000
0

2009　　2010　　2011　　2012　　2013　　20

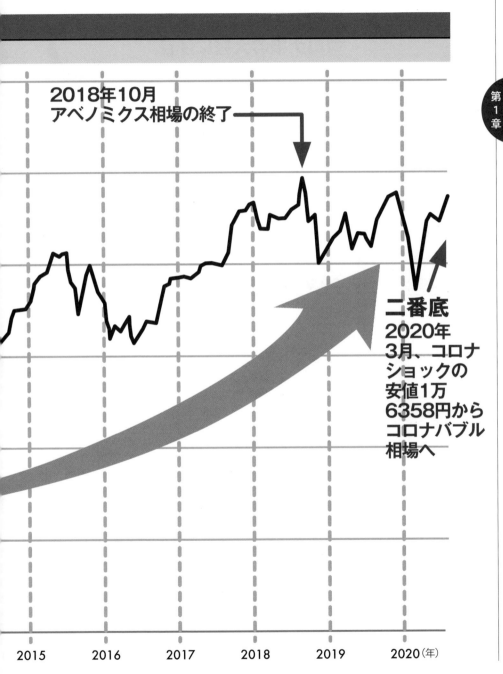

2018年10月
アベノミクス相場の終了

二番底
2020年
3月、コロナ
ショックの
安値1万
6358円から
コロナバブル
相場へ

2015　　2016　　2017　　2018　　2019　　2020(年)

コロナ禍の大底に注目

中期的流れ、中期波動はどうでしょうか。

現在の株価の流れを中期波動として見た場合、その出発点は2020年3月19日の1万6358円。コロナショック禍の大底でした。

2020年から7年、もしくは10年のトレンドが中期的波動で、早ければ7年後の2027年ぐらいまでには8万円台、遅くても10年後の2029年～2030年までには高値をとると予測できます。

中期波動も長期波動と同じで、

2028年か2029年前後に8万円をつける可能性

が見えてくる。

ではなぜ8万円台なのか。

過去の大相場の特徴

8万円台を目指す根拠は何かと言えば、これまで戦後5回あった大相場では、1回を除いて、

日経平均株価が5倍以上になった

という事実があります。

一番大きい時で6倍。小さい時はたまたまオイルショックが起きた時期と重なったため2.39倍でした。

中期波動の出発点である2020年3月のコロナ禍の1万6358円

から5倍と言えば約8万円です。

誰もまだ言っていないことですが、私は、

戦後の大相場は5回ではなく実は6回あり、今度は7回目

と分析しています。

アベノミクス相場は安倍晋三元首相が牽引した相場、政策が牽引した大相場でした。そのため安倍元首相が政治的勢力を衰退させた2018年10月に天井を打ちました。

政界での影響力が低下して、安倍退陣を織り込んだ2018年10月、前月末から2199円安の2万1920円をつけた。この戦後6回目の大相場、アベノミクス相場はここで終焉を迎えたのです。

これはまだ経済学者もアナリストたちも、ほとんどが気づいてはいない相場観だと思います。

株価は政治や経済に先行して動く

一般にはあまり知られていない事実ですが、

株価は政治や経済に先行して動く

のが特徴です。そして大相場の後では必ず最低でも1年間は休む。12～13ヵ月のサイン（波動）で、2018年から2019年年末までの1年間、もう少し長引いて2020年の3月にようやく底入れした。

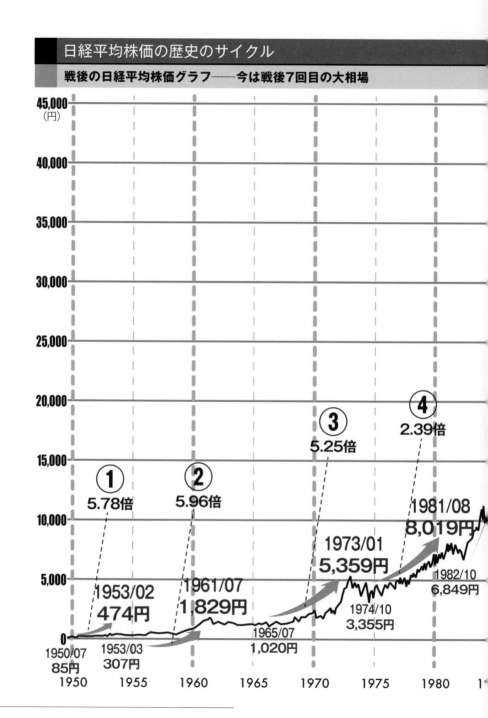

日経平均株価の歴史のサイクル

戦後の日経平均株価グラフ──今は戦後7回目の大相場

45,000（円）

40,000

35,000

30,000

25,000

20,000

④ 2.39倍

③ 5.25倍

15,000

① 5.78倍

② 5.96倍

10,000

1981/08
8,019円

1973/01
5,359円

5,000

1953/02
474円

1961/07
1,829円

1982/10
6,849円

1974/10
3,355円

0

1965/07
1,020円

1950/07
85円

1953/03
307円

1950　1955　1960　1965　1970　1975　1980　1

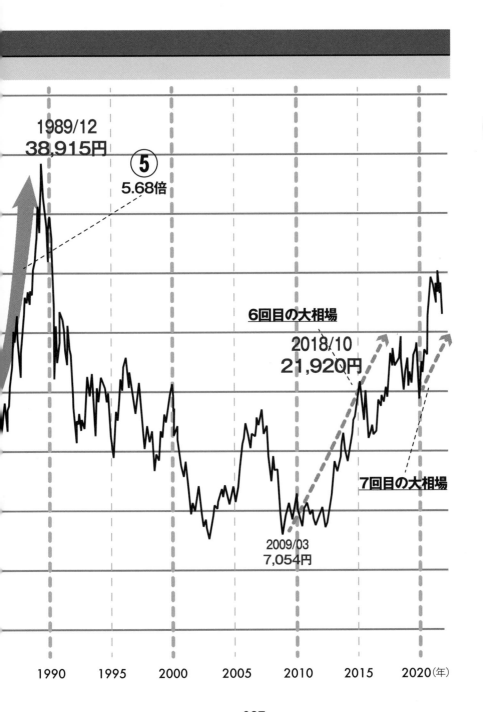

1989/12
38,915円

⑤

5.68倍

6回目の大相場

2018/10
21,920円

7回目の大相場

2009/03
7,054円

1990　1995　2000　2005　2010　2015　2020(年)

第1章

2020年初めから始まったコロナショックで株価は大きく下げてついに底入れしたのです。

　この底入れ時の株価1万6358円が、今回の中期的波動の相場の出発点で、この5倍を計算しても、

今回の戦後7回目の大相場は日経平均が8万円

と予測できるのです。

　10万円台もあり得る大相場かもしれません。

3月の新高値4万472円から調整局面

　短期的には今回の株価の出発点は、2023年10月4日の3万487円です。

　10月4日の3万487円で一番底、10月30日の3万538円で二番底を入れ、ダブルボトム。そこから上昇トレンドに入って、直近2024年3月7日の新高値4万472円まで、9985円上昇しました。

　この上げ幅の3分の1押しは3万7000円近辺。下げが軽い場合は3万7000円近辺、半値押しならば3万5000円近辺まで下げると予想できます。

　2024年は年初からの株価上昇がかなり急速、上げピッチが速かったために、3月中旬の日本銀行のマイナス金利解除の情報が、ちょうどこの上げピッチを調整する役割を果たしたと私は見ています。

　過去の歴史に例えれば、源平時代の平家が水鳥の羽音に驚いて

退却したというのに等しい下げでした。

波動は社会事象とマッチングさせてこそより正確になる

以上、波動による大局観は、世情に現れるさまざまな事象、社会現象、そして情報とマッチングさせてこそ、より正確なものになります。

第一に挙げられる注目すべき事象は、2024年4月から始まった賃上げインフレ。そして外国人観光客によるインバウンド需要の復活です。

2023年12月、年間の訪日外国人観光客数はコロナ禍以降最大の2500万人を突破、12月単月でも過去最高の270万人を記録しました。この勢いは止まらず2024年3月は単月で過去最高の300万人を突破（日本政府観光局）しました。

株価を押し上げている一番の理由は、円安によるデフレ脱却です。日銀が目指す物価目標2%がついに実現しそうなところまできた。そこでマイナス金利解除。YCC（イールドカーブ・コントロール、10年物国債の利回りを0%近辺にコントロール）もやめた。

これは日本経済にとってはいいことで、

日本経済はようやく金融の正常化に入った

ととらえることができます。

日本経済が正常に舵取りされてきているというのは大きなプラス材料です。株価を上げる要因になるからです。

新 NISA 開始で株高加速

　私の予測通り、2023年4月から始まったバリュー株の底上げ相場も、すでに今春まで1年以上続いています。加えて2024年1月から開始された**新 NISA 制度**が良い意味で追い打ちをかけ、我が国を代表する一流企業の株価の底上げを軒並み継続させています。

　その規模、数から考えて、もともと割安感の強かった大企業の株価の上げ潮の流れはそう簡単には終わらないでしょう。

　新 NISA に流れているお金は、そのほとんどが投資経験の少ない初心者です。そんな彼らがついに参入してきた。タンス預金をしていた人々がインデックスファンドや、誰もが知っている、絶対に潰れないだろう大企業の株に投資し始めたのです。

　東京海上ホールディングスも買い。三越伊勢丹ホールディングスも買い。そういうエリート企業、大企業の株が上がっています。金利が上がったため銀行株や損保株も上がっている。まさにこれが相乗効果です。

　私が2023年いち早く目をつけた海運大手3社（日本郵船、商船三井、川崎汽船）は今のところ休憩状態ですが、1年以上上がっていました。川崎汽船は2000円台から7000円台まで上がった。

新NISAの個別株買い付け額ランキング

順位／銘柄	買い付け額（億円）	配当利回り（%）	株価騰落率（23年末比、%）
❶ 日本たばこ産業（JT、2914）	400	4.8	10.5
❷ NTT（9432）	327	2.8	4.5
❸ 三菱UFJフィナンシャル・グループ（8306）	311	2.7	26.7
❹ KDDI（9433）	239	3.1	▲0.4
❺ 三菱商事（8058）	222	2.0	54.6
❻ トヨタ自動車（7203）	216	1.6	46.9
❼ アステラス製薬（4503）	198	4.3	▲3.6
❽ 武田薬品工業（4502）	156	4.5	3.7
❾ 日本製鉄（5401）	134	4.4	12.4
❿ 三井住友フィナンシャルグループ（8316）	100	3.1	28.4
⓫ 日本航空（JAL、9201）	89	2.4	3.5
⓬ ソシオネクスト（6526）	87	1.1	60.2
⓭ INPEX（1605）	82	3.3	20.7
⓮ オリエンタルランド（4661）	80	0.2	▲7.9
⓯ ソフトバンク（9434）	79	4.4	10.3

ネット証券大手5社の1月〜3月15日のNISA口座での買い付け額。毎月上位20銘柄を対象に集計。配当利回り、株価騰落率は3月28時点。▲は下落

2024/03/31 日経ヴェリタスより

株価が3倍以上上昇、配当は100円〜200円台。今でも150円近辺（2024年3月現在）です。

この脱デフレ相場、資産インフレ相場の大波が日経平均株価をついに4万円台まで引き上げたのです。

株価上昇の決定的追い風となる「金融の正常化」

私の波動理論を裏付ける第二のイベント（社会事象）として挙げられるのは、

日本経済がついに正常化路線に入った

ことです。

新NISA制度の導入によって、NISA（少額投資非課税制度）が拡充、ニューマネーがついに動き始めました。

日本の家計金融資産は、預貯金が約60%、株式や債券が約15%、保険や年金が25%という割合ですが、日本銀行が2023年末発表した資金循環統計では、個人（家計）の金融資産残高は2121兆円。そのうち現金や預貯金は1113兆円と過去最高でした。

1000兆円、2000兆円規模のキャパシティーから今後も資金が流出して株式市場に入ってくる。私がこれまで何度も言ってきたように、

銀行にお金を預けるより銀行の株を買ったほうがよい

という提言に一般の人々がようやく納得して、「現金持ってい

たら損だ」と気づき始めたことが大きかった。

　さすがにインフレとなって目に見えて物価が高くなったため、日本人も肌感覚でそれを実感、0.020％の金利で銀行に預けるより、配当利回り4.0％前後の銀行株を買ったほうが得だとわかり始めたのです。

初心者でも安心して投資できるように

　こうした状況から、私は無料のメルマガ「スガシタレポートオンライン」登録者向けに、投資の初心者を対象に無料のサービス「スガシタサロン」を始めました（将来有料化予定）。

　毎週末、3銘柄を選んで初心者のためチャートレッスンを提供しています。今回の一番の特徴は3銘柄のチャートを配信するだけでなく音声による解説も入れてあることです。初心者のための実践的チャートレッスンです。以下よりご覧になることができます。

http://go.sugashita.jp/?c=459&e=JTPcfUvZ6J5KgiWJ2fXcVgll

　投資は確率論です。"絶対"に上がるという株はありません。上がる確率の高いものを見極めるために、投資家たちはさまざまな研究や勉強をしています。

　そうしたプロの技や理論の一端を公開します。また相場の先行

きを確率の高い読みで予測できるよう、私の独自の相場理論も解説しています。

動き出す 2000 兆円規模のニューマネー

　新 NISA 相場はそう簡単には終わらないでしょう。

　当分続くはず。マネーがどんどん流入して、今後いくら市場に入ってくるのか予想もできません。仮に新 NISA に個人資産 1000 兆円の 1% が入ってきても 10 兆円です。10% 入ってきたら 100 兆円規模。金利のつかないタンスで眠っていた 1000 兆円がようやく動き始めたのです。

　投資信託などの金融資産を含めれば 2000 兆円規模。これらの家計資産マネーが次々とより有利な金融資産に流れていくのではないでしょうか。

　これが私の大局観、

日経平均株価は 8 万円を目指す

第二の根拠です。

国際情勢も味方する日本株上昇気流

　「8 万円を目指す」という第三の根拠は、日本を取り巻く国際情

勢が日本に極めて有利に動きつつあるということです。

　世界のマネーは今、主に不動産事業などで目に見える形で失速している中国経済に取って代わって、

チャイナ売りのジャパン買い

という日本買い、日本株買いに向かっています。

「どこに投資したいか」といえば日米以外に適当な投資対象がなくなってきた。ロシアに投資する人などもういないでしょう。

　世界的に著名な投資家ジム・ロジャーズは以前から中国経済の未来を評価し、シンガポールに移住、子供たちには中国語を学ばせるほどでしたが、果たしてこの先どうでしょう。彼は今「北朝鮮に投資しよう」などとも著書で主張しています。

　いったい誰が今北朝鮮に投資するというのか。ロシアのウクライナ侵略を見るまでもなく、中国の海洋進出、北朝鮮のミサイル発射など、世界は新しい冷戦構造に入っています。

　それは、

「民主国家」対「非民主国家」という対立構図

です。

　この構図は今後10年間は続くでしょう。どちらかが倒れるまで続く。

ウクライナ情勢でわかる世界の最新構図

　かつての東西冷戦、アメリカ、ソ連を軸とした米ソ冷戦は、言

わば思想戦でした。共産主義、社会主義対民主主義の思想による対立でした。しかし今は違います。

武力による戦いです。

武力の強いほうが勝つ。

ウクライナに対してロシアがやっている戦略を見れば、それは一目瞭然。まともに戦えばウクライナは負ける。だからアメリカとNATO（北大西洋条約機構）の手助けが必須でしたが、この先どちらが勝つかはわかりません。アメリカ、NATOの助けがなくなればウクライナの敗北は決定的でしょう。

思想の戦いではなく武力衝突なので結局は力の強いほうが勝つ。ウクライナの次はバルト三国、ポーランドにロシアの食指が伸びていくかもしれません。

恐ろしい時代となりました。
「アメリカはもはや何もできない」
「NATOなど怖くない」
とロシアのプーチン大統領もかさにかかってくるのではないでしょうか。ロシアはアメリカ以上に核兵器を多く所持しています。さらに第三の核大国である中国も非民主国家であり、ロシアを支援しています。

ウクライナ情勢など戦争が影響する 「日本株銘柄」

　こうした世界情勢を反映しているのでしょう。重厚長大産業の代表で防衛産業でも突出した企業、三菱重工業や日立製作所、川崎重工業の株価は軒並み上昇しています。

　日本航空電子工業、三菱電機、技研ホールディングス、日本酸素ホールディングス、富士通といった防衛関連銘柄も上がっている。

　世界的に拡がるこの新冷戦構造はどちらかが倒れるまで続く。アメリカのバイデン大統領か、ロシアのプーチン大統領か、最後は力のあるほうが勝つのです。

　仮に2024年11月のアメリカ大統領選挙で民主党のジョー・バイデンが敗れ共和党のトランプが再登場となれば、ウクライナを取り巻く事態はさらに複雑になるかもしれません。

　なぜならドナルド・トランプはすぐにでも和平交渉に入ると思われるからです。そして交渉次第ではウクライナにとって極めて不利な条件となり、ロシアのウクライナ占領地域をかなりの範囲で認めざるを得なくなるかもしれない。そうなるのではないかと懸念されます。

　ドナルド・トランプは実質的には政治家ではありません。不動産王の異名をとるビジネスマンです。世界一の資本主義、自由主義経済を誇るアメリカの不動産市場で勝ち残ってきたビジネスマ

ンなのです。

　ウクライナへの支援金を出し続けることはビジネス上そろばんが合わない、1円の得にもならないと考えるでしょう。何の利益も生まないビジネスを続ける必要はない。だから停戦に向けての交渉、彼の得意なディール（取引、協定）に入るはずです。

不気味なのは11月のトランプリスク

　結果、ウクライナはかなりの領土をロシアに取られ戦争が終結。2022年2月から続いたこの戦争が終われば、いったん株価は下がるはず。

　トランプが大統領選挙で勝った時点で株価は急落する可能性もあります。

　これは気をつけなくてはなりません。

トランプリスクとも呼ぶべき国際情勢による市場リスク

です。

　私は2024年9月あたりまでに株価は当面のピークを迎える可能性があると見ています。あるいはその前にひと山、ピークがあるかもしれない。

　2024年7、8、9月は要注意です。

市場がアメリカ大統領選挙を意識するタイミングはいつか

見極める必要があるでしょう。

　投資に長けた人ならば今から株式投資でガンガン儲けて、早け

れば 8 月には手仕舞うでしょう。そして 11 月のアメリカ大統領選後に新しい投資に取り組んでいく。プロの投資家ならそう動くでしょう。

オリンピックのお祭り気分も投資家は要警戒

11 月のトランプリスクの前には、

7 月 26 日から 8 月 11 日までフランス・パリでオリンピック

があります。どこかで押し目を入れてパリ・オリンピックをはさんだ頃から底入れ。その後上げて五輪終了後の 8 月中旬あたりで高値をとるという波動も予測できるのです。

一般の人々、普通の投資家は楽観的なので、オリンピックで財布のひもがゆるんだ人々の消費拡充でお祭り気分になる。お祭りが終わったあたりで米国大統領選挙というリスクに目覚めることになるのでしょう。トランプ大統領再登場となれば株価は急落するかもしれません。一般投資家たちが驚くしかないシナリオが目に見えてきます。しかし、

そこが絶好の買い場になる

ことに気づかなければなりません。

この絶好の買い場を大底にして年末に向けて再び高値へ向かうというのが、ひとつの相場観です。

仮にジョー・バイデン大統領が再選となった場合はどうか。

さほど市場に大きな動きは見られないでしょう。そのままズルズルと株価は流されるが、トランプ大統領カムバックならば株価は鋭角的に下げ、その後再び上昇、そういう波動の可能性が予測できるのです。

株価に影響を与える国内情勢

こうした国際情勢に比べて国内情勢はどうでしょうか。どう予想できるか。

私はまず解散総選挙は秋の自民党総裁選まではははないと見ています。

岸田内閣の支持率が低いままで解散総選挙は難しい。パーティー資金の裏金疑惑に続いて、2023年11月和歌山市内で開催された自民党和歌山県連青年局のパーティー、いわゆるセクシーダンス懇親会の内容も発覚して、ますます自民党主力の政治家たちは元気も信用も失っています。こんな状況で選挙をすれば野党を勢いづけるだけです。

疑惑のセクシー・パーティ事件が人々の記憶から薄れてくる頃、例えば秋に予定されている自民党総裁選の頃に、世論もさすがに落ち着いてきて風向きが変わるのではないでしょうか。

今回のパーティースキャンダルで、実は岸田首相の勢力は高ま

っているというのが、私がパイプを持っている永田町からの情報
です。政権に近い、政権与党に近い永田町情報がないとなかなか
わからないことですが、岸田首相は前回の総裁選で勝利を得た後、
実は協力してくれた安倍派と麻生派にはずっと頭が上がらない状
態でした。支配されてきたと言えるでしょう。

　首相経験のある安倍晋三と麻生太郎に頭が上がらなかった。

　そこに二階元幹事長という目の上のたんこぶ的存在もいた。

　ところが、今回の騒動でこれらがいっぺんに退場となってしま
ったのです。

自民党内の見えざる「力学」とその結果

　いまだ勢力と影響力をかろうじて保持しているのは麻生派です
が、もはや孤立していて、いずれ麻生自身退場となる可能性が高
い。潮時なのです。

　ということは派閥政治が根本から崩れていきます。とともに強
大化するのは首相の権限です。岸田首相の勢力が実は非常に高ま
ってきているのです。これが一般の人々の目には見えにくい政治
の力学です。

　岸田首相に対抗する人がいなくなる。

　誰も対抗できなくなる。

　2024 年秋の総裁選でも対抗して出馬するには最低 20 人の推薦

人が必要です。今それだけの政治家を集められる人が何人いるでしょうか。

派閥解散をしても宏池会そのものは残ります。霞が関の官僚との関係が最も濃いからです。宏池会関連、出身者は全員岸田支持です。

総裁選に出馬の噂のある上川陽子外務大臣も高市早苗経済安全保障担当大臣も、無所属で選挙に勝つための票集めは難しい。地盤が弱い。

以上の背景から、9月総裁選では岸田文雄首相再選、その後解散総選挙に打って出て自民党勝利のシナリオを岸田首相は思い描いているのではないか。

そうなれば岸田政権は長期政権になる可能性すらあるでしょう。

株式市場で支持率の高い岸田政権

岸田政権は世間の支持率は低いですが株式市場の支持率は高いと言っていいでしょう。

その証拠に株価は上がってきました。日経平均は史上最高値もつけています。

岸田首相が政権について以来、「貯蓄から投資」という資産所得倍増プランを打ち出して、眠れる個人金融資産を動かし資産運用へ誘導、NISA（小額投資非課税制度）の拡充を目指した新NISAで、資産投資立国を唱えてきました。

そして少しずつ掲げた国策を実行しています。新 NISA がその一例です。つまり内政的には経済政策はうまく舵取りができている。日銀の植田新総裁という人事も良かった。外交面も岸田首相は外務大臣の経験があり、外務省の官僚とのパイプも太いので的外れな政策はとっていません。

岸田首相が日本経済と株価を再生させる

そんな可能性が見えているのです。

株に例えれば現在の岸田株はボトム状態ですが、株式市場全体では平均株価は着実に上がってきている。岸田政権によって日本経済は再生され、株価はさらに上を目指すというのが、非現実的な予測ではなくなってきている。

後世、安倍晋三以上に岸田文雄が名首相として名を残すこともあり得ます。

こういうことを公言している人も、私の知る限りまだ誰もいません。

投資に役立たない新聞、テレビの情報

ここまで読まれた読者の皆さんにとって、これまで私が述べてきたことは相当インパクトのある大局観かもしれません。

投資に限らず世の中をよりリアルに見定めるには、テレビだけ見ていては NG です。テレビの情報は投資にはあまり役に立たない。少なくとも私にとってテレビは時間的ロスです。ただ自分の

情報を裏付ける、その確認のために見ているだけ。

　情報の確認にテレビは役に立ちますが、コメンテーターたちの経済予測はことごとく当たっていない。なぜなら彼らには、

予測のベースとなる歴史観、大局観がない

からです。

　大局観、歴史観がない人とある人とではまったく予測が違ってくるのです。

　相場や投資の世界に限らず、しっかり勉強して歴史観、大局観を持っている人は本当に少ない。ほとんどいません。上辺の情報だけを見て侃々諤々、喧々囂々の理屈を言い合っている。

　アメリカの大統領でも、そして日本の首相でも、日本の大企業の社長でも、国際情勢や金融経済、経済情勢に精通していないと施策を誤ります。経済を理解していないと官僚の言いなりになって国策を間違えるのです。しかし日本では経済に精通してしない者が国家や大企業のトップになれる土壌があるので厄介なのです。

投資家に必要なのは確かな大局観

　当社が主催する会員制配信サービス「スガシタボイス」会員の皆さんに2023年のはじめに、「2023年1〜3月が日本株の底。日本株をバーゲンセールで買える最後の局面で、4月以降は賃金インフレ、円安、脱デフレ、インバウンドで株価は上昇。資産イ

ンフレ相場でまずはバリュー株の底上げ。円安、脱デフレの恩恵を最も受ける好業績高配当の株が狙い目」と配信し、その通りになりました。

　具体的には、一に海運、二に鉄鋼、三に商社とセクターを絞った。

　そのほとんどの株が上がりました。

　4番目には食品を挙げていましたが、消費関連株が戻ってきて、例えば東洋精糖や東洋水産も上がった。商社も三菱商事や三井物産は上がると予想できても、著名投資家ウォーレン・バフェットにすでに買われていて面白くない。そこで私は双日や豊田通商に目を付けた。

　とにかく、これから3年は大儲けするチャンスです。

　何を買うのが一番効率的か。全体的に株価底上げとなるなかで、物色対象は広がっています。

　自分の買った株は2割しか上がらず、気になっていて買わなかった株が10倍になるなどということもあるでしょう。

　今回の相場は狙い撃ちが難しい。

　本書でも巻末に2024年に有力な銘柄の黄金株リストを公開しているので、ぜひ投資の参考にしてみてください。

第2章

「円安」「金融緩和継続」「AI革命」が日本市場を塗り替える！

34年ぶりの大円安が株価上昇の第一材料

直近で株価を上昇させる一番の買い材料は、

34年ぶりの大円安

です。

一気に160円台まで円安が進み、「そろそろ円高になる」と予想していたメディア、アナリストの顔も真っ青の円安でした。

株に例えれば新高値の更新状態が続いている。こういう状況になると財務省も立場上何もしないわけにはいきません。何度か「断固とした対応を行なう準備がある」「介入しないといけない」とメディアに向け牽制球を投げていますが、為替市場は沸騰状態です。

ついに4月29日、5月1日に10兆円近い規模の介入を実施しましたが、円安の流れは変わっていません。

介入しても一時的に円高になるだけです。

なぜなら介入は財務省の最後の切り札。最後の手札を切れば投機筋は、「日本側は円高にする手だてを使い果たしたので、あとは打つ手がもうない」と読む。

彼らはそれを熟知しています。

介入という切り札を使ったら円高にする政策、材料がなくなるので、投機筋はかさにかかって円売りドル買いを浴びせてくるでしょう。

しかし一般投資家やメディアは「財務省が介入したら円高になる」と思い込んでいます。そこに穴がある。

　円高にする材料が出尽くしてしまえばさらに円安は加速する、それがプロの投資家の見立てです。日銀が早急に金利を上げるような政策変更を行えば話は別です。

複数回の為替介入がもたらす副作用

　為替介入によって例えば一時的に5円高、10円高になることはあるかもしれません。しかしその後はまた安くなるでしょう。再び円安に向かう。介入を継続して円買いドル売りを繰り返しても、効果が見込めるのは最初の一発だけです。効くのは1回目だけ。

　介入2回目からは世界中の投機筋が円売りドル買いを浴びせてきます。それは歴史を勉強していればわかることです。

　ポンド危機と呼ばれた、いわゆる「ブラック・ウェンズデー（暗黒の水曜日）」事件がイギリスでありました。

　1992年9月15日水曜日、イギリスポンドが世界的に著名な投資家ジョージ・ソロスなどの投機筋によって売られ急落、BOE（イングランド中央銀行）は外貨準備高がなくなるほどポンド買いを行いましたが下がり続けました。いわゆる**ポンド危機**です。

　このポンド危機で、

一個人、一企業はもちろん、一中央銀行で流れを変えられるものではない

ということがわかったのです。

なにしろ世界中のマネーが動く。とてつもない規模のマネーが予測不能で動きます。

　ジョージ・ソロスはポンドを空売りし、噂では10億ドル（当時のレートで1340億円）を稼いだとも言われます。

　財務省が介入して一時的に円高になっても、今の流れは間違いなく円安トレンド。そして短期的に見れば、現在の為替を動かしているのは日米の金利格差なのです。

　アメリカの金利は高く、多少下がっても日米の金利格差は大きくは変わりません。日本の金利が仮に1％台になってもアメリカの金利が4％台ならば3％の差。3％の利ザヤがあるのです。

　円を借りてドルを買うと3％の儲け。こんな確定的な利ザヤのある取引ならば誰でも簡単に投資するでしょう。大きな資金を動かしている機関投資家やファンドならば、この利ザヤと確実性は大変な魅力です。これだけドルと金利が高くインフレ率が高止まりのままなら、下げるどころか金利はさらに上がるかも知れません。

為替の本質は国力の差

　短期的な円安ドル高の原因はともかく、長期的に見た場合の円安は、日米の国力の差がその背景にあります。

　為替を動かす原動力は国力の差です。

　かつて「ジャパン・アズ・ナンバーワン」と呼ばれていた
1970年代後半〜80年代の日本は、国力、経済力ともに世界トップ
クラス、経済史に残る著しい経済成長を続けていました。

　しかし今の日本はナンバーワンではありません。GAFAMを
はじめとした世界マーケットを牛耳る圧倒的な企業群と経済力を
誇るアメリカがあり、世界第2位の経済大国となった中国も国力
を保っています。こうした世界情勢の中で国力の差が為替に色濃
く現われているのです。

　技術力では日本はいまも相変わらず世界のトップクラスですが、
しかし日本はファンダメンタルズ（経済の基礎的条件である経済
成長率）が弱い。

　ファンダメンタルズで日米を比較した場合、アメリカのほうが
圧倒的に強いと言わざるを得ない。国力の差は歴然としています。
それゆえにドル高円安なのです。

　財務省の介入でこうしたトレンドを容易に変えられるわけがな
いのです。

円売りドル買いの流れは変えられない

　財務省のサイトにこんな文章があります。
「為替相場は各国経済のファンダメンタルズを反映し、マーケッ
トの需給により市場で決定されるもの。しかし思想などでファン
ダメンタルズから乖離したり、短期間に大きく変動したりして不

安定な動きを示すことは好ましくない。為替相場の安定を目的として、通貨当局が市場で外国為替取引（介入）を行なうことがある」

　一時的に介入したとしても、どんなに円買いドル売りしても、前項で解説したように簡単には流れを変えられません。禁じ手の覆面介入（介入したことをしばらく公表しない）は行なうでしょう。

　逆に明らかな介入で投機筋にとっては怖いものがなくなり、存分に円売りを浴びせてくるでしょう。介入したことで上がる可能性すらある。円ドルの波動の歴史を勉強している人ならわかりますが、

この円安トレンド、次なるターゲット（目指す新安値）は、1990 年 4 月にかけて続いていた 160 円台を超えること

でしょう。

　円安では輸入物価が上昇します。そのため物価高になってデフレ脱却に向かう。デフレ状態では物価がどんどん下がるため日本経済は正常にならない。これを解消しないと経済の成長は正常に戻らないのです。

　物価が上がって国民一人ひとりの家計は苦しくなりますが、大局的には国力も大切です。国の力、国力のもととなる経済力が衰えれば、国民一人ひとりにも多かれ少なかれ必ずそのツケは回ってくるからです。円安はいずれ新安値をつけるでしょう。

日銀は正しい政策を行っている

株価の上げ材料の第一に挙げられる根拠は円安ですが、次に挙げられる根拠が、

金融緩和の継続

です。

植田和男日銀総裁は「物価目標2%に向けて金利は上げていくが金融緩和は継続する」とアナウンスしました。仮に金融引き締めをして利上げをしたら株は暴落していたでしょう。バブル時、三重野日銀総裁はこれをやって日本経済の成長の腰を折ったのです。利上げと金融引き締め、これらを一緒に行なったらアウト。少なくとも植田総裁はそれをわかっています。

利上げはじっくり時間をかけてやらなければなりません。

これまで日本経済は、34年間も"デフレ病"で療養していたようなものです。ここはむしろ、じわじわと自然に効き目を発揮し自己回復力で健康体に戻していく、漢方薬を使わなければいけない場面です。

植田日銀総裁はそれがわかっているので漢方治療を進めていると言っていいでしょう。

頭でっかちの官僚ではなく、民間人で学者、消費の現場、庶民感覚がわかっている人です。

経済に「正義の旗」は通用しない

　バブル経済当時、日銀や財務省は、

「行き過ぎたバブルの後始末をする」

「過剰バブルをなんとしてもストップさせる」

　と正義の旗を掲げましたが、急激、急速な政策、利上げや総量規制をいきなり行なって不動産が暴落、経済が大混乱に陥りました。それまでさんざん銀行は不動産に融資していたのです。それをいきなり止めたら不動産価格が暴落するに決まっている。もう次に買う人がいなくなるからです。

　10億円で買ったビルも12億円で売れるから、銀行から10億円を借りて買う。ところが銀行が金を貸さなくなれば次に買おうという人がいなくなります。すると最後に買ってしまった人はビルが売れなくなり、銀行にお金も返せなくなります。そもそも10億円のビルを買うのにキャッシュで買う人は今も昔もいません。1〜2億のキャッシュは用意しても、残りは銀行から借入れるのが筋でしょう。

　急速な利上げや総量規制というかつての政策は、水道をいきなり給水停止させたようなものです。喉が渇いても水が飲めない。倒れるのは目に見えている。田んぼに水も引けなくなり、米が作れなくなる。

　これは不動産取引をしていたら誰にでもわかることですが、こうした経験も知識もない、世情に疎いエリートたちはそうした愚行を平気で行なっていたのです。バブル崩壊を招いた彼らの政策

は日本経済に最大、最悪の悪影響を与えました。完全な政策の失敗、大失政でした。

それが**「失われた30年」の原因**です。

30年という歳月は重い。一世代の人生の長さです。20代前半で大学を卒業して社会に出て、社会の中心となるのが50代。その約30年間が「失われた30年」と重なる世代経験者が日本には数多くいる。そういう世代の人々は夢や希望が持てず、給料も上がらない、つましい暮らしを余儀なくされてきました。

結婚にも二の足を踏む。だからこの世代は未婚者が多く、現在の社会的課題、少子高齢化の遠因にもなっているのです。

日本が世界に先駆けて挑戦している 物価目標2％

日銀の金融緩和政策の継続は株高の大きな追い風となるでしょう。

その中で金利の正常化が行われ、物価目標2％達成を目標に日本経済を徐々に正常化しようとしている。経済が正常化する間は金融緩和も続けるという方針です。

物価目標2％は、実は世界中の中央銀行が目指す大変価値のある目標

です。

世界の主だった中央銀行が喉から手が出るほどほしいインフレ

率なのです。それを植田日銀総裁は実現させようとしている。2025年までにできるか、あるいは2026年までかかるか。どちらにせよ彼の任期の間に2％は達成することができるのではないでしょうか。

アメリカ中央銀行のFRB（連邦準備理事会）でさえそれを目指し、いまだ実現できていません。1年間利上げしてインフレを抑え込み、引き締めをしても目標にはまだまだ遠い（2024年5月現在）。

日本株上昇のカギを握る AI 革命

日本株が上がる買い材料、日本株高の大きな要因となるかもしれない第三の根拠、要因は、デジタル革命です。いわゆるDX革命、AI革命を今後どれだけ進められるかが最重要課題。

日本は労働人口が減少する一方です。

例えば今まで1000人が従事していた仕事を120人でやらなければならないとしましょう。通常ならそれは不可能です。それを可能にするのが人口知能、AI革命の新骨頂です。

日本政府もようやく本腰を入れ、官民一体で取り組んでいる最中ですが、これがどれだけ進むかが株価の行方にも大きく影響を与えるでしょう。

円安、金融緩和、AI革命の成功、この3つは今後の株高のプ

リンシパル、基本となることは間違いありません。

AI技術は世界中がしのぎを削り各国によって進捗状態も違いますが、経済と国民の生活をよりよくするためにも、AI技術力の推進が欠かせません。

AIを使った技術革新でトップレベルの技術開発を日本企業ができるかどうか

がこれからの決め手。

トップレベルの技術革新ができそうな企業の株は上がります。例えば今注目されているのはNTTが旗を振っているIWONです。

AI革命の切り札、IOWNとは何か

IOWN（*Innovative Optical and Wireless Network*、アイオン、革新的な光とワイヤレスのネットワーク）とは、あらゆる情報を基に個と全体の最適化を図り、光を中心とした革新的技術を活用。これまでのインフラの限界を超えた高速大容量通信、膨大な計算リソース等を提供可能にする、端末を含むネットワーク・情報処理基盤の構想です（NTT研究開発）。

2024年の仕様確定、2030年の実現をめざして、研究開発が進められていますが、私はこれは次なるAI革命の切り札の一つになると見ています。

光ファイバーの100倍、200倍の技術力があり、それがIoT（いろいろなものをインターネットで結ぶシステム）に活用されると

どうなるか。想像するだけでもワクワクしてきます。

　IWON を活用したものをいろんな製造業に使わせる、そこが NTT の狙いです。

AI 革命、魅力はメジャーではなく新興企業

　こうした点で NTT 株は当然買いですが、本格的に上がるのは構想実現の直前の 2029 年辺りでしょうか。「最近上がった」と言っても 170 円台から 180 円台程度。株式投資で資産を大きく殖やしたい人にはちょっと手が出せない銘柄。やはりメジャーではない新興企業、例えばソシオネクストのような宝物を発掘しなくてはいけません。

　もちろんインフレ時に最も強い資産インフレ株はとにかく要注目です。

　資産インフレで真っ先に確実に上がるものは、

株、不動産、資源（金）

です。

　資産インフレ株を買うか、AI 革命株を買うか、あるいはその両方をブレンドする選択もあるでしょう。私は資産インフレ株、商社株、海運株を中心に買いました。なぜなら AI 革命株は、企業の技術を調べてもよくわからないからです。専門家の話を聞き、

「この会社は素晴らしい技術を持っている」

　とわかれば買います。あるいはそういう企業に精通する専門家

の書物を読んだり話を聞くのもいいでしょう。

　例えば医療介護分野の先進的企業、カナミックネットワーク（介護保険制度スタートの2000年創業）の山本拓社長は、全国の4割の自治体にクラウドサービスの運営を展開。高齢化で今後ますます増大するニーズにどうデジタル技術を対応していくのか、スガシタボイス主催で対談し、詳しく話を聞きました。スガシタボイスの会員の皆さんには、調べるのがなかなか難しい介護分野の最先端について知ることができたと喜ばれました。

　ただAI以外の資産インフレ株については、自分で調べればその事業内容、技術の革新性はある程度わかるので、投資しやすいでしょう。

　果たして2024年中盤から2025年に向けてどんな企業が業績を上げ、株価を上げるか、楽しみです。

資産インフレ株、チェックするにはこの3点

　もう1点、資産インフレ関連株をターゲットにする際に重要なことは、

業績見通しが良く、高配当で、PBR（株価純資産倍率）が低い（割安）

企業を見つけること。この3点を備えた一流企業を探すことです。

なぜ一流企業か。

新NISAから入ってくるお金はその大半が一流企業の株へ向かうと予想できるからです。新NISAで投資する人はほとんどが投資の初心者です。だから彼らは元金保証に近い、損をしない値動きの株を買う。例えば「三菱商事を買っておけば大丈夫。安心だ」となる。すると相場全体が膨らみ、勝てば利ザヤも大きくなる。

問題はそうした一流企業、三菱商事、伊藤忠、三井物産の株もすでにもう上がっていることです。著名投資家ウォーレン・バフェットが以前買ったタイミングで買っておけば大変魅力的でしたが、今はもう既にかなり上がっています。しかし商社株は当分まだまだチャンスがありそうです。

商社株に比べて、三井不動産、住友不動産など、不動産関連の一流企業の株はまだほとんど上がっていません。

三井不動産は3月27日に3分割しました。100株が300株になった。住友不動産は、三井不動産、三菱地所より株価が高い。5000円台ですからいずれ分割するでしょう。住友不動産は賃貸中心で稼働率、販売数ともにダントツです。

「地味だけど手堅く投資して、利益を取るまで時間がかかってもいい」

というに人は三菱地所などの手堅い銘柄がいいかもしれません。三菱地所の株は不動産関連の一流企業の中ではまだまだ安い、2000円台。株価は安いが業績が悪いわけではありません。ただ、日銀が近く利上げの方針のようですので、不動産株は売られています。しかし日本経済がインフレにむかおうとしているわけですから、今の不動産株は狙い目かもしれません。

大手企業の株式分割（4月1日）
上げ潮相場を支える大企業株

社　名	分割数	最低投資額	
三菱重工業	10	135万円	▶ 14万円
三井不動産	3	49万円	▶ 16万円
スズキ	4	71万円	▶ 17万円
富士通	10	248万円	▶ 25万円
MS&ADHD	3	82万円	▶ 26万円
テルモ	2	56万円	▶ 27万円
JR東日本	3	91万円	▶ 29万円
富士フィルムHD	3	101万円	▶ 33万円

（注）最低投資額は分割前が3月27日、分割後が1日終値から算出。1万円未満は四捨五入。

※日経新聞2024年4月2日

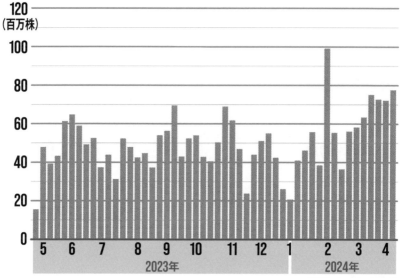

三井不動産株 出来高の推移

120
（百万株）
100
80
60
40
20
0

5　6　7　8　9　10　11　12　1　2　3　4
2023年　　　　　　　　　　2024年

参考：yahooファイナンス

投資指標のカギは PBR にあり

　経営者の考え、理念が古いと株価は上がらない。クリエイティブな経営者は自分の会社の株価を上がる努力を必死にしています。クリエイティブな経営者とは、できるだけ多くの人に自社のアピールをして株主になってもらい、その人たちがみんなユーザーになってくれるよう努力する人です。それでなくとも東京証券取引所からは、

「PBR ※（企業の株価水準を測るものさし、指標）1倍割れの会社は経営者が無能だ」

　と言われています。この圧力で当然株価の安い一流企業のトッ

プも変らざるを得ないのではないでしょう。

※PBRとはPrice Book-Value Ratio。企業の資産内容や財務状態をもとに、株価水準を測る指標。株価÷1株あたりの純資産で計算。単位は倍。例えば株価1000円で、1株あたりの関連資産が1000円ならばPBRは1倍。数値が高いほどその株価は割高、低ければ割安と見る（三菱UFJモルガンスタンレー証券）。

　ではなぜ私が昨年4月から海運大手3社や商社株、そして今また三井不動産や住友不動産など、大企業の資産インフレ株をいち早く注目したのか。それは、

先を読んでいる

からです。

　先読みが一番大事。投資家とは常に先読みのレッスンをしなければならない。投資とは先読みなのです。読者の皆さんもぜひ本書で先読みのレッスンをしてください。

先読みとは大局観を持ち予測すること

　先読みとは、大局観を持ち予測することです。

　そのためにまず、何よりも株価の波動を分析できなければなりません。

　例えば2023年の日経平均株価、短期波動では「1－3月期が株価の底値圏、4月以降新たな株高の足音が聞こえてくるだろう」と予測して、スガシタボイスの会員の皆さんにメッセージを送り

ました。

　その波動とはどういうものか、もう少し詳しく説明しましょう。

　前述の「日経平均株価の短期波動は1－3月期が株価の底値圏。4月以降新たな株高の足音が聞こえてくるだろう」は、2020年3月19日にコロナショックの安値、1万6358円が入った。ここを底に上がり始めています。これを中期波動の出発点、上昇トレンドの始まりと見ました。

　約2年株価の上昇トレンドをつくったアベノミクス相場で始まった上昇トレンドは、2018年10月2日の2万4448円（日足）で天井を打って終了。その後の一番底が2020年3月19日の1万6358円（日足）だったのです。

現在の株価は株高トレンドか株安トレンドか

　相場の波動を読むにはまず最初に、

現在の株価は株高トレンドか株安トレンドか

を見極めること。

株高ならば、その上昇が始まったのはいつか、株安ならばその下降が始まったのはいつか

を調べる。

　流れの出発点、波動の始まりがいつか。これを知らないと株価の波動を読むことはできません。

　短期波動の出発点は2023年1月4日、年初大発会の安値から

上昇が始まっていると見ます。

　では長期波動はどうか。現在の株高、長期の上昇トレンドの出発点はどこか。それは2009年3月10日と見ます。前年のリーマンショックを織り込んだ7054円で底入れして（前日の3月9日はニューヨークダウも大底）、長期的にはこの大底を出発点として現在の株高トレンドが始まったのです。

　こうして長期、中期、短期の3つの視点から、現在の株高のトレンドの出発点を見極めた上でトレンドの「先」を読むのです。

巷の投資予想と私の違い

　2024年の株価について、さまざまな人がさまざまなことを言ってまさに百花繚乱です。
「現在の日本株はバブルだ。もうすぐ暴落する」
　と予想するプロの投資家、アナリストたちも多くいます。前述のジム・ロジャーズも「大暴落」という見出しの最新刊を出しています。しかし彼らの根拠は何でしょうか。

　日経平均株価の長期的動きをみると、現在は1989年12月末の高値3万8915円を34年ぶりに抜いて4万円台を突破。その後、3万8000円近辺の高値圏でもみ合っていて、4万円が壁になっています。

しかし私は、先述のように、4万円は通過点に過ぎないと考えています。

　日本の株価の歴史的なサイクルとして重要なのは、1982年10月につけた大底の6849円。ちょうど同時期、ニューヨークダウもS&P500も大底でした。

「ウォールストリート・イズ・デッド」（ウォール街は死んだ）

　と大見出しで「ビジネス・ウィーク」がセンセーショナルな特集を組んで反響を呼びました。しかしそこが実は株価の大底でした。下降トレンドの終わりであり、上昇トレンドの始まりだったのです。

　しかし逆もまた真なりです。

　スガシタボイス会員には私から緊急メッセージを送りましたが、2024年3月、日経平均株価がいよいよかつてのバブルの高値3万8915円に迫ろうかという時、新聞や雑誌では、

「4万円時代に買える株」

「日本株沸騰」

「日経平均4万円突破！　勝つ投資」

　と超強気の見出しが並びました。

　マスコミがこうして強気の記事一色になる時は、えてしてその後調整局面を迎えます。

　株価とメディアの記事の面白い相関関係、ぜひ覚えておいてください。

　実際、「ウォール街は死んだ」の後、1982年から1989年12月まで株価は上昇トレンドで、日経平均は3万8915円をつけて大天井。戦後5回目の大相場でした。

出発点の6849円から3万8915円まで約5.6倍。1982年から1989年まで7年の波動、上昇トレンドでした。

しかし史上最高値から今度は株安へと向かって、2009年3月10日に7054円の大底を打って底入れした。そしてこれが一番底でした。

毎回私が言っているように、

株価は二番底が入らないと上がらない

のです。

そして**天井の時は点**（期間が短い）ですが、**底の時は面**（期間が長い）です。底入れして盛り返すまでに時間がかかり、かなりの日柄調整が必要となります。

大相場の後はとくに時間がかかる

日柄調整は、短い場合で2～3ヵ月。長い場合で2年～3年かかります。

大相場の後は特に時間がかかります。

約7年上げて、その後、20年下げて底入れ。その3年後の2012年11月14日、民主党の野田佳彦首相が衆議院解散総選挙を宣言。この時の日経平均8664円が大底となって、同時に上昇トレンドのアベノミクス相場の出発点ともなった。しかし、前述のように、2018年10月2日に天井をつけて、アベノミクス相場

日経平均の推移でわかる相場格言

相場格言で株価の波動の先を読む

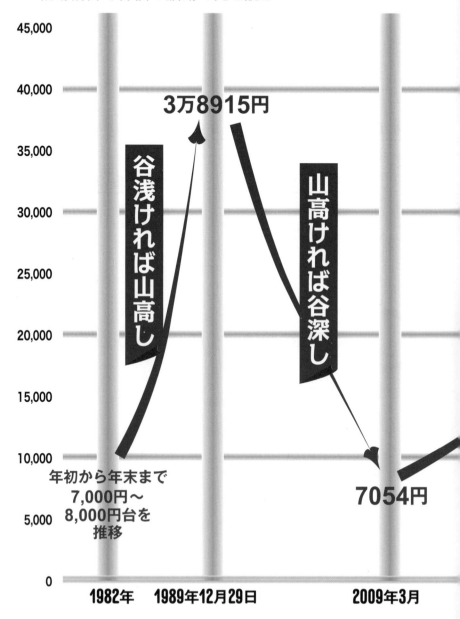

3万8915円

谷浅ければ山高し

山高ければ谷深し

年初から年末まで
7,000円～
8,000円台を
推移

7054円

1982年　1989年12月29日　2009年3月

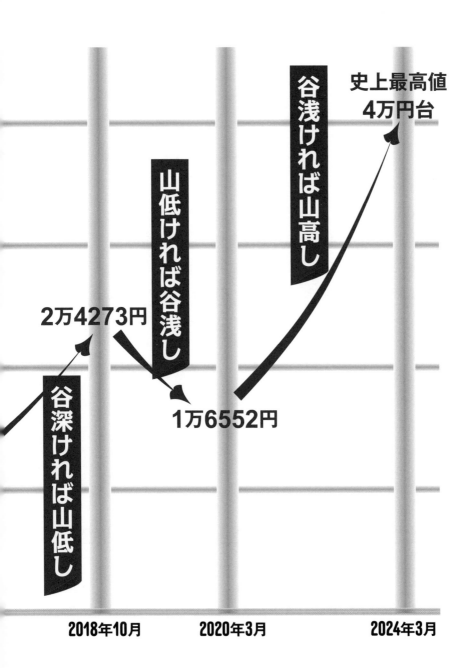

史上最高値
4万円台

谷浅ければ山高し

山低ければ谷浅し

2万4273円

1万6552円

谷深ければ山低し

2018年10月　　　2020年3月　　　2024年3月

が終了。

　その後 2020 年 3 月に底入れして反転上昇して、ついに 4 万円台に入った。1989 年の 3 万 8915 円という史上最高値を抜いていますが、波動論では、ダブルトップになる可能性が残っている。

　ダブルトップとは、「今が天井」ということ。だから、

「今がバブルのピーク」

　とテレビや新聞、雑誌で論説するアナリストが多いのです。大手某有名ファンドの代表は、

「今 NISA を買ってはいけない、今はバブルのピークだ」

　とさえ言っています。こういう予想の人が実際多い。

「今が天井」と考える人が多いので株価は当然もみ合います。

「今は単なる通過点で、いずれ 8 万円時代がやってくる」 と予測するのは私など少数。勿論、私の 8 万円をめざすという波動から見た予測には、いくつかの前提条件があります。

　それはさておき、2024 年 3 月 22 日に 4 万 1000 円台をつけた。そうしたら下がり始めた。いよいよダブルトップだと考える人が増えているのかもしれません。

　今後、かなり下回れば調整期間は長引く。私はそれほど下回らないと見ていますが、上げ幅の 3 分の 1 押しで 3 万 7000 円近辺が下げメドと思っている。しかしいつも述べているように、

**　上昇幅の 3 分の 1 押し程度の下落なら、次の上昇相場への休息場面**

　です。

　下降トレンドではなく単なる押し目だからまた上がってくると考えられる。

　もちろん調整が長引けば、半値押しぐらいまで下がる可能性は
あります。その場合は3万5000円近辺まで下がる。

ジャンプするには
一度しゃがみ込むことが必要

　私は2024年の年初からの3万5000円〜4万円のゾーンでもみ
合った後、新しい上昇波動が始まると見ています。財界人や金融
関係のトップ、アナリストたちは2024年の高値は4万2000〜
3000円と見ている人が多い。しかし、私の見立ては、

これから1回、しゃがみ込むタイミングがある

と見ます。

　あっという間に4万円台をつけたので当然日柄調整が入る。し
かし一度しゃがみ込むと次は跳び上がるのが今の相場の流れだと
見ます。いったん下げないと上がらない。ジャンプできない。だ
から今、下げているのです。

　実はいったんしゃがみ込むと私が予測するのは、絶好の下げ材
料があるからです。

私が先読みする「絶好の下げ材料」

「絶好の下げ材料」とは、

FRB、政策金利の推移

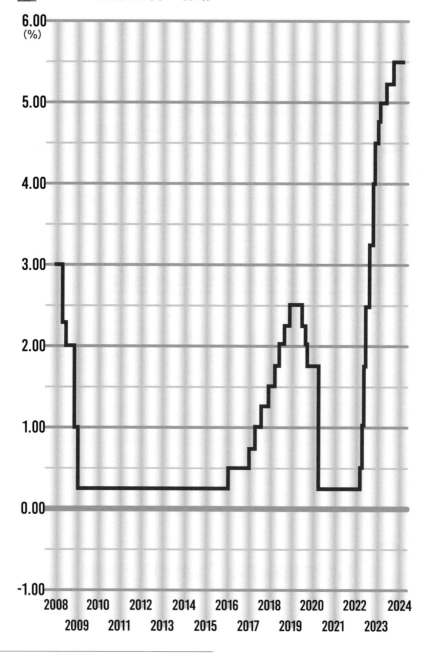

アメリカ株がドスンと下がる可能性

です。

2023年12月頃からアメリカのインフレ率と金利はピークアウトした。ウォール街のプロたちはそう見ていました。

ウォール街の金融機関の有力筋は、ほとんどがそういう読みでした。そのため、2024年は少なくとも3回、もしかしたら5回の引き下げがあると当初、市場は予想していました。が、FRBはまだ一度も金利を下げていません（2024年5月現在）。

FRBが金融政策を議論するFOMC（アメリカの連邦公開市場委員会）でも、いまだに利下げの発表はありません（2024年5月末現在）。なぜか。金利もインフレ率もまだ高止まりしているからです。しかし利下げをしない政策を続ければ、

アメリカ株に失望売り

が起きるかもしれません。米国株の急落です。そこで日本の株も影響を受けて、いわゆる二番底を入れるかもしれないというのが私の短期的なシナリオです。

二番底が入れば、これがダブルボトム。その後若干の日柄調整を経て、

新しい上昇波動が始まる

というのが今の短期予測です。つまり、

日本株がいったんしゃがみ込んだ後、跳び上がるタイミングを見極めることが、きめ手となります。

4万円の壁を突破して、次の上昇相場が始まるまで、できるだけキャッシュアップ（株を売って手元資金を増やす）。利益が出ているものは利益確定。損が少ないものは損切りし、「ちょっと

損が大きいが今売るのはもったいないな」と思えるものだけ持っている。そういう見立てです。

株価にある時間のサイクル

「相場の波動は日柄で読め」
「値ごろより日柄」

　株価には時間のサイクルがある。そしてサイクル（波動）は長期、中期、短期に分かれます。

　株式投資の実践で一番使うのは、短期サイクルと中期サイクルです。この２つを意識することが大切。

　ただ頭でわかっていても実戦では役に立ちません。

　実際の日経平均株価の動きの中から、今はどのサイクルが来ているのか知る必要があるのです。

　短期サイクルは「三月またがり六十日」、つまり約２〜３ヵ月。少し長いパターンは数ヵ月から５〜６ヵ月。

　日本株の個別銘柄を調べると、そのほとんどが高値をつけてから中段保ち合い、底値圏の持ち合いなどが５〜６ヵ月続くとわかります。どの銘柄を見ても高値をつけてもみ合う。それが５ヵ月から６ヵ月です。

　そこから壁を突破して次の新しい上昇相場がやって来る。

そして短期波動の長期サイクルが約1年、12〜13ヵ月。少し分りにくいかもしれませんが、短期波動には、2〜3ヵ月の短期サイクル、約6ヵ月の中期サイクル、約1年の長期サイクルがあるのです。

短期波動とともに投資でよく使う中期波動

2年半から3年という中期波動も実践では大切です。

たとえば、2020年3月のコロナショックを織りこんだ底値1万6358円が1番底。そこから2年半、ないし3年後にダブルボトムで再び底入れするのではないかと読める。するとぴったり3年後の2023年3月に底入れ。しかも3月は決算期です。

3−4月は機関投資家などが銘柄入れ替えをする時期でもあります。この2023年3月に二番底をつけて、ついに4月から私が予想してたように資産インフレ相場が始まったのです。

2023年は3万4000円の壁は抜けなかった。ところが2024年に入ると、上にマドを空けて3万4000円の壁を突破。3万5000円も突破して4万円台に入ってきたのです。すごい相場が始まっています。

世界的に見れば、2029年ぐらいまでアメリカ発の大インフレ、バブル相場は史上最高値をつけるシナリオが有力。2009年3月の底入れから20年上げるとぴったり2029年です。果して波動通

りの展開となるか⁉

2029年に天井をつければ日経平均も8万円台

それまで日米の株価は大きな流れとしては上げ潮でしょう。

2027年〜2029年、日経平均はかなりの高値をつける可能性がある。戦後5回の大相場のほとんどが出発点から5倍になっているからです。

それまで大勢は上げ波動。だから、

その間の下げは、絶好の買い場

それが今の大筋の流れです。

第**3**章

迫り来る
日本の地政学的リスクに備えよ

日本を取り巻く厳しい外的要因

　前章では2024年の株価の推移を私の波動理論から解説し、近未来の株価の動き、合わせて国内情勢、国際情勢の行方を分析しました。

　本章では日本を取り巻く世界情勢の、いささか厳しい未来も予測される長期的展望について、詳しく解説しておきたいと思います。

　なぜなら2024年は国際情勢が極めて厳しい、予測不能な時代に突入すると思えるからです。その厳しい外的要因は必ず日本にも及び、相場にも影響を与えるためです。

　長期目線で世界情勢を測るとき、一番参考になる波動説は「コンドラチェフの波」です。

「コンドラチェフの波」とはロシアの経済学者ニコライ・コンドラチェフが唱えた説で、約50年ごとに訪れる景気循環論。25年のサイクルで拡張（好況）期と縮小（不況）期を繰り返すという景気循環を提唱しました。この理論を応用して「拡張期30年、縮小期30年」で「60年周期」を唱えていたのが、ロケット開発で日本の宇宙工学の道を開いた糸川英夫博士（1912〜1999）です。

　糸川は、

「30年の景気上昇期と、その後の30年の景気下降期で計60年。景気の歴史はこれを繰り返す。30年は世の中の世代が1世代変わるのと同様だ」

と考えました。

　人間が生まれて30歳頃には社会人としてようやく独立（拡張、成長）し、一定の社会的責任を負う。社会的責任を負うとは社会に一世代の基盤を作ること。そして次の30年で円熟（縮小、完成）して60歳。また次の世代が育つ30年が始まる。

　この説に立脚して、糸川は未来を予測し、それらのほとんどが見事に的中しているのです。糸川説を適用して現時点（2020年代）から過去を振り返り、未来を見ると驚愕の未来図が見えてきます。

2020年から始まっている大動乱期

　2020年という節目の年は、社会的にも経済的にも大きな転換点でした。

コロナショック

が起きたからです。

　2024年の今、4年経ってもなおさまざまな後遺症を社会に残しています。

　2020年は新たな30年の下降期の始まりであり、その前の1990年は下降期の到達期。その1990年から30年の上昇期があったのです。そして30年後の2020年が上昇期の到達点で、次の30年は下降期。つまり2020年からは下降期が始まっているのです。

　糸川説は「30年の到達点にはカタストロフィーが起こる」と

している。カタストロフィーとは「破局」のこと。では、ここで言う破局とは何でしょうか。

　大きな戦争、大災害、疫病のパンデミック（スペイン風邪、新型コロナなど）などが起こることです。

　成長、上昇するにはいったんそれまでの秩序なり、技術、慣習、規制などが破壊されなければならない。旧態依然を壊さないと新しいものは生まれて来ることができません。だからカタストロフィーが起こる。これが糸川説でした。

　私はこれまでたくさんの本を読んできましたが、糸川説と同じような未来図を唱えている人は他にもいます。その一人が馬野周二（1921～）という工学博士。彼は通産省（当時）出身で、歴史に関する多数の著書があります。主に1980年代に活躍して、糸川説を補完するような説を唱え注目されていました。

　馬野氏は「これからの世の中が大きく変化してパラダイムシフトが起こる」と説いています。パラダイムシフトとはそれまでの価値観や社会規約などが、一変してしまうことです。

　馬野氏のパラダイムシフトは糸川説のカタストロフィーといわばコインの表と裏。同じ意味だと私は考えます。そして、

パラダイムシフトもカタストロフィーも、最も象徴的な出来事は戦争勃発

　と予測している。これは過去のデータを解析した糸川説に見事に合致しています。

　糸川、馬野両説とも、

2020年はから新たなるコンドラチェフの波が始まっている

とする。つまり、

その30年前の1990年が下降期の到達点（終わり）、上昇期の始まりだった

と分析しました。コンドラチェフの60年周期説のちょうど半分の通過点だったわけです。

1960年から縮小（下降）の30年を経て1990年。1990年からは拡張（上昇）の30年を経て2020年にカタストロフィー、パラダイムシフトを迎えた。それがコロナショックでした。

実は私は糸川説、馬野氏の著書を通じてかなり以前より、

「2020年には何か起こる」

と予測していました。なぜなら2020年は1990年から30年後の到達点になるからです。

日本の地位が下がり あの国の地位が上がってきた

到達点では、カタストロフィーが起こる。これは糸川説も馬野氏の説も同じです。1990年という到達点近辺では、世界では東西冷戦の終結（東欧革命、ベルリンの壁崩壊、東西ドイツの統一、マルタ会談）があり、日本ではバブル崩壊が起きた。日本にとっても破局が起きた。いわゆる**「失われた30年」**の始まりです。ここからの30年は世界における日本の国際的地位が低下する時代でもあった。

まさに日本の停滞期でしたが、日本の国際的地位が下がれば下

■コンドラチェフの波「糸川英夫説」

30年の上昇期、30年の下降期の到着点に
世界的カタストロフィー（破局）が起こる

1960年

1961年
ベルリンの壁建設

1962年
キューバ危機

1949年
NATO設立

1966年
中国で文革開始

1945年
第2次対戦終結

1978年
鄧小平の改革
開放政策（中国）

1940年
第2次対戦
独・ヒトラーvs英米仏露

1930年

1990年

●ベルリンの壁崩壊
●東西冷戦終結
●バブル崩壊

●新型コロナ大流行
●パンデミック

2020年

拡張
（上昇期）

縮小
（下降期）

（戦争と技術革新の）
30年

2022年
ロシア、ウクライナ侵攻
（ロシアと欧米の代理戦争）

2024年
イスラエル、ガザ侵攻
イスラエルとイランECが対立

（米国一強、
中国勃興の）
30年

⇩デフレ経済下の日本
「失われた30年」

↑ソ連崩壊で
米国覇権の確立

↑中国、経済大国へ

↑デフレ脱却・超円安
日経平均4万円回復

⇩中国「失われた30年」へ

↑日・米・欧による
世界新秩序

第3章

2050年

●ジャパン・アズ・ナンバーワン、再び
●日本の黄金期復活
●日米欧主導の世界新秩序

がるほど上がってきたのが中国です。そしてついに GDP で日本を追い抜き世界第 2 位の経済大国となった。その中国が 2020 年の到着点を迎え、バブルのピークを迎えていたのです。中国は 2020 年からすでにかつての日本と同様、「失われた 30 年」にいやがおうにも突入しているのです。

目ざとい欧米の投資家はすでにこのことに気づいているから、彼らの、

チャイナ売りのジャパン買い

は止まらないのです。実際に中国は欧米のインフラシステムから次々外されています。しかもそれは怒涛の勢いで今も進んでいます。新聞やテレビの情報だけではわからない、これが世界の事実です。

1990 年からの 30 年の最後の到達点、2020 年 1 月に起きたのがコロナショックです。データのまったくない新型ウイルスによるパンデミック。その最初に洗礼を受けたのが中国だったのは偶然でしょうか。つまり、1990 年から 2020 年は米国主導の比較的安定した国際情勢でしたが、日本はバブル崩壊で失われた 30 年となりました。しかしこの長い 30 年が日本の雌伏期（しふくき）となって次の時代を開く原動力となるのです。

 動乱の時代には戦争が起きる

2024 年は、

下降期の到達点である 2050 年に向かって、未曽有の動乱時代の初期

に当たります。

糸川説で言うところの「動乱の時代」です。

戦争が起こる。動乱の時代になる。戦争はもちろんあってはならない悲劇ですが、歴史を鑑みれば、

大きな技術革新は戦争時に発達した

という側面があるのも事実です。

ミサイル、レーダー、原子力、インターネット、衛星画像（カーナビのもと）、すべては軍需産業から生まれた技術でした。第一世界大戦、第二次世界大戦でロケットの技術は格段の進歩を遂げ、現在の宇宙開発事業につながっている。戦争が人々の生活に役立つ新しい技術革新を生み出してきたというのが歴史の真実です。

しかし日本にとって 2050 年までの 30 年間はおそらく、

ジャパン・アズ・ナンバーワン再び

という大復活の歳月になると私は予測します（その理由は後述）。

第三次世界大戦の予兆

2020 年を到達点として世界は新たなるコンドラチェフの波に入った。2020 年にコロナのパンデミック、2022 年 2 月にはロシアのウクライナ侵攻。2024 年はイスラエルのガザ侵攻によって

1930年

拡張期

1930年6月	ロンドン海軍軍縮条約を批准
1931年9月	満州事変起こる
1932年3月	関東軍、満州国を建てる
1932年5月	5・15事件が起こる 陸軍将校らがクーデター、 犬養毅首相らを殺害
1933年3月	日本、国際連盟脱退を通告
1936年2月	2・26事件起きる 青年将校らがクーデター起こす
1937年7月	日中戦争勃発
1940年9月	日本、ドイツ、イタリアと三国同盟に調印
1941年4月	日ソ中立条約に調印
1941年7月	日本軍、フランス領インドシナに進駐 アメリカ、日本への石油禁輸を決める
1941年12月	日本軍。マレー半島に上陸 日本軍、ハワイの真珠湾を攻撃 太平洋戦争勃発
1942年6月	日本軍、ミッドウェー海戦で戦局不利に
1943年9月	イタリア、降伏
1945年3月	アメリカ軍、東京大空襲

拡張期

の後半30年)で動いている

未来は何が起こるか

拡張期	1945年4月	アメリカ軍、沖縄に上陸
	1945年5月	ドイツ、降伏
	1945年8月6日	アメリカ軍、広島に原子爆弾投下
	1945年8月8日	ソ連、中立条約を破り対日参戦
	1945年8月9日	アメリカ軍、長崎に原子爆弾投下
	1945年8月14日	日本、降伏
	1945年8月30日	連合国軍最高司令官マッカーサー、 厚木に到着
	1949年4月	NATO(北大西洋条約機構)が設立される ヨーロッパとアメリカが集団的自衛権を 目的に結んだ軍事同盟
	1950年6月	朝鮮戦争勃発
	1951年9月	日本、サンフランシスコ講和条約、 日米安全保障条約に調印
	1952年4月	日本独立回復。小笠原、奄美、沖縄は除く
拡張期	1954年7月	自衛隊が発足される
	1955年11月	自由民主党結成 社会党が野党第一党で55年体制できる

第3章

1960年

縮小期

1962年10月	キューバ危機。米ソが対立して、核戦争の危機に
1964年10月	東京オリンピック開催
1965年2月	アメリカが北爆 北ベトナムに爆撃開始
1965年6月	日韓国交正常化。基本条約調印
1966年12月	中国で政治闘争、文化大革命始まる
1971年6月	沖縄返還協定調印
1971年8月	ニクソンショック（ドルショック）、アメリカ大統領リチャードニクソンが突然1オンス35ドルの米ドルと金との兌換の一時停止を発表 ドルのみ金との交換比率を固定し、その他の通貨はドルとのレートを固定した制度が突然停止となった 固定相場から変動相場制へ移行
1972年5月	沖縄返還
1972年9月	日中共同声明、調印。日中国交正常化
1973年10月	第四次中東戦争勃発 第一次石油危機起こる
1978年1月	親米だったイランでイラン革命起きイスラム化 第二次石油危機起こる

縮小期

世界の歴史は60年周期（拡張期の前半30年、縮小期の後半30年)で動いている

縮小期

1978年12月	中国の鄧小平が資本主義を取り入れた改革開放政策を目指す
1989年6月	中国で民主化運動から天安門事件起こる
1989年11月	ベルリンの壁崩壊
1989年12月	ルーマニアでルーマニア革命 ここから東欧革命が始まり、チェコスロバキア、ポーランドなどに波及 東ヨーロッパの共産主義国家に次々革命が起こる
1989年12月	マルタ会談でアメリカのブッシュ大統領とソ連のゴルバチョフ大統領が冷戦の終結に合意

1990年

1991年1月	湾岸戦争勃発 日本、ペルシャ湾に掃海艇派遣
1991年12月	ソビエト連邦が崩壊
1993年7月	自民党、衆院選で完敗。55年体制終結

拡張期

| 1996年4月 | 冷戦終結後の再定義
日米安保共同宣言 |
| 2001年9月 | アメリカで同時多発テロ
日本、インド洋に自衛艦派遣 |

第3章

世界の歴史は60年周期（拡張期の前半30年、縮小期の後半30年)で動いている

拡張期

2003年3月　イラク戦争起こる

2011年3月　東日本大震災

2014年7月　集団的自衛権の行使が可能に
　　　　　　憲法上の解釈変更で閣議決定

2020年

2020年1月　新型コロナウイルス、感染確認

2022年2月　ロシアがウクライナ侵攻

2023年10月　パレスチナ暫定自治区、ガザを実効
　　　　　　支配するイスラム組織ハマスがイ
　　　　　　スラエルを攻撃。1200人以上の死
　　　　　　者、230人以上の人を拉致、人質に
　　　　　　した

縮小期

2050年

糸川英夫(いとかわひでお)
(1912～1999)
日本の宇宙開発・ロケット開発の父と呼ばれる工学者。
専門は航空工学、宇宙工学。自著の中で「コンドラチェフの波」を研究、分析し紹介。国内にその存在を知らしめた。

写真:Wikipedia

ニコライ・ドミートリエヴィチ・コンドラチェフ
(1892～1938)
ロシアの経済学者。資本主義経済は40～60年規模の景気循環を持つという理論を提唱。この理論は後に「コンドラチェフの波」や「コンドラチェフ循環」と呼ばれるようになった。

写真:Wikipedia

中東大戦のリスクが高まっています。今後どうなるのか。まだその先は読み切れませんが、このままいくと、

第三次世界大戦が起こる

可能性が高いと言えるでしょう。

コンドラチェフの波で見た、1930年から1960年までの30年、1960年から1990年までの30年間を振り返ると、その凄まじい拡張期と縮小期、破壊と創成の60年サイクルが理解できます。

1939年9月、ドイツがポーランドに電撃侵攻して始まった第二次世界大戦は、戦後79年経った今、世界の平和と国際協調を目指す国際連合（国連）として世界秩序維持に貢献しています。

第二次世界大戦というカタストロフィー、世界の破局が、その後の世界平和を目的とした機関設立につながり、その功績の一つとして1990年東西冷戦が終結しました。

第二次世界大戦は、先進主要国が保護主義政策をとって、経済、貿易を排他的にブロック化し、それが世界大戦の一因となった反省から、貿易のルールを決めるGATT（関税、貿易に関する協定）体制が1948年初めて世界規模でつくられました。現在はWTO（世界貿易機関）がその役割を承継しています。

また世界恐慌などをきっかけに経済の混乱が起こると、各国が通貨の引き下げ競争に陥り、軍拡、戦争によって危機を乗り越えようとする。それが世界大戦の一因となった反省から、「金融と為替に関して世界が協調し合う」目的としてIMF（国際通貨基金）が設立されました。

第二次世界大戦という戦争の悲劇が、現在の世界秩序の体制を創成したのです。

しかし今再び不穏な様相が世界を覆い始めています。

公然と起きている代理戦争

第二次世界大戦の始まりはドイツ対仏英米（フランス、イギリス、アメリカ）。今はロシア対欧米。ロシアがウクライナに侵攻し、ウクライナを欧米が支えている。いわば代理戦争の体を成しています。

この争いの根幹には第二次世界大戦でヒットラー率いるナチスドイツを直接的に倒した（ベルリン陥落）ソ連（現在のロシア）が、欧米が先導した戦後の秩序作りから仲間外れにされ続けたことも遠因として挙げられます。それが戦後の東西冷戦（ソ連邦、東ヨーロッパの共産主義国家と西ヨーロッパ、アメリカの資本主義国家の対立）につながりました。

もともと共産主義のソ連と資本主義、民主主義の欧米は相容れません。

しかし戦後真っ二つに分割されていた東ドイツの首都ベルリンの壁が1990年に崩壊。ソ連邦も崩壊して東西冷戦が終結。世界は平和な時代へと移行したかに見えました。

1990年から2020年までは、アメリカ覇権の時代ではありまし

たが、世界を巻き込むような大きな戦争がない時代が続いたのです。

中国の将来を見誤ったアメリカ

ソ連の崩壊、冷戦終結、アメリカ一国覇権時代の陰で、対立する新興大国が登場してきました。中国です。

アメリカのような民主主義国家、言論の自由な国とは相容れない国の代表が中国。北朝鮮、ロシア、イランなども同様です。中国はいわば非民主主義の代表としてアメリカと対立しています。

1990年から2015年頃までは、アメリカは中国を友好国として接する政策をとっていました。資本主義に似た中国の改革開放主義を応援していけば、

「いずれ中国は我々と同じ民主主義陣営の国になる」

と考えていたのです。ところが結果は予想と真逆になってしまった。中国の覇権主義はますます強まり、東アジアにおける力による現状変更が横行し、繰り返され、習近平という"帝王"が強権を振るってしまっています。

日米欧の民主主義陣営と中国、ロシア、北朝鮮、イランなど権威主義、覇権主義陣営との戦いが始まっているのです。

コンドラチェフの波の縮小期（下降）の特徴として糸川英夫は、

「とてつもない技術革新が起こる。しかし大きな戦争も起こる」

と歴史を詳細に分析し、予測しています。

技術革新と戦争は表裏の関係

「いずれの時代も世の中が激変するのは大きな紛争、戦争、災害が起きた時だ」

それが今再び繰り返されようとしています。

2050年に向かってどの陣営が覇権を握るかという戦いが本格化しています。この戦いには1990年の東西冷戦終結のような「途中で握手して仲良くしましょう」というハッピーエンドはあり得ません。

なぜなら権威主義、覇権主義が民主主義になってしまったら、ロシアのプーチンも中国の習近平も終わりです。彼らは民主主義を否定して自分の権威、権力を保持しているからです。

自由な言動、表現で首相や大統領など権威、権力を自由に批判できる日本やアメリカ、ヨーロッパのような国になったら、彼らは生きる道を失う。北朝鮮もイランもそうでしょう。かつてのソ連邦のゴルバチョフ大統領のような人物が現れない限り、和解はないでしょう。ウクライナ情勢も中東情勢も最終的には一切の対話が否定され、軍事的に決着つけざるを得なくなる可能性があります。

その最大の危惧が核兵器の使用でしょう。

最悪のシナリオ、全面核戦争

　核兵器使用でお互いが破滅の道、滅亡の道を進む。今の段階で
は具体的なシナリオを予測することは困難ですが、ロシアも中国
も、ウクライナ戦争のような欧米との代理戦争に、最後は勝つた
めに核兵器を使用するという悲劇のシナリオも可能性としてあり
得ます。核を使われたら、核ミサイルを撃ち込まれたら、報復す
るのか。全面核戦争の寸前まで行ってどちらかが降伏するかもし
れません。

　その最悪のシナリオに行くまで通常兵器の戦いが続く。かつて
米ソの代理戦争であったベトナム戦争（1964～1975）のように。
欧米とロシアの代理戦争であるウクライナ戦争（2022～）が、
どのような決着をむかえるのか。

　アメリカ、NATOの応援がなくなれば明日にでもウクライナ
は敗北するでしょう。代理戦争はどちらかが降伏するまで拡大し
続けます。ハマスとイスラエルの戦いも、ハマスを支援している
イランの陰にいるロシア、中国対欧米の代理戦争の様相を呈して
います。

　さらに長期的な大きな流れでは、

**2050年までの間に核兵器を使う戦争が、両陣営の対立の激
化によって起こり得る**

　悲観シナリオも想定し得るでしょう。その寸前に、どちらかが、
おそらく権威主義側、非民主主義国側が降りる、あるいはトップ
に異変が起こって体制が変わることがあるかもしれません。

非民主主義国家はトップが変われば大混乱。次の覇権争いが起こり政権がひっくり返る可能性がある。しかし民主主義国は、アメリカであれEUであれ日本であれ、トップが変わっても権力の移行がスムーズに行われる。大勢に影響はありません。

戦争が起こればもちろん株価は下がるが…

　2020年から始まって、2024年からいよいよ動乱と戦争の時代、そして大きな価値観の変化が起こる時代を迎えています。それはまたこれまでになかった全く新しい技術革新、人々の生活をよりよくする画期的な技術が生み出されることでもある。

　価値観激変と技術革新、戦争勃発や第三次世界大戦に近いものが起これば、一時的に株価が暴落したり、社会が混乱する。そして戦争は必ずインフレを呼び込む。インフレが起こると物の価値が上がり、資源、不動産、金の価格が上がる。そこに投機マネーが流れる。

　戦争の歴史を学べば、これが一連のパターンであり、それらを呼び水にした大バブル相場がその後に到来します。

　今はまさにその大インフレ、大バブル相場の始まり、ファーストステップと言えます。

　新冷戦構造の中で脱デフレ円安構造改革によって、これからの30年間は波乱万丈で、日本の場合、史上最高値を更新し続ける可能性があるのです。私の波動論、相場の波動からは2029年ま

でに日経平均は8万円を目指すと予測できます。

　もちろん本書は、世界のマネーの動きや日本株の見通し、この動乱と戦争の時代に上がりそうな株は何かを探すのが主旨ですが、長期的な世界情勢の読みも不可欠です。ところがメディアも有識者と称する人たちもこうした点を指摘する人があまりにも少ない。多くの日本人は今の平和がこれからもずっと継続されるものと無意識に思っているのではないでしょうか。

世界で見直される国、日本

　世界は日本の技術力を非常に重要視しています。中国は経済大国であっても、多種多様な半導体技術、例えばiPhoneを動かす基本設計の中の超微細な部品はメイドインジャパンです。それらがなければ動かない、この日本の技術力が見直され、質の高さが改めて評価されてくるのではないでしょうか。

　新しい半導体にしろ、新しい戦闘機にしろ、日本なら開発可能。その気になれば技術があり資金力があるのでいくらでもできます。優秀な日本人はいっぱいいる。三菱重工業が新零戦戦闘機を作って輸出するなどということも起こるかもしれません。

　日本、イギリス、イタリアの三国は、2023年、正式に、次期戦闘機開発のための政府間機関を設立する条約を結びました（2023年11月4日）。「グローバル戦闘航空プログラム政府間機関の設立に関する条約」に署名したのです。

航空自衛隊が運用する F-2 戦闘機や、F-4EJ 戦闘機、F-15J 戦闘機などの後継として、新しい戦闘機を共同開発することとなった。実際に三菱重工業を中心に開発、輸出することになると、

日本は今までとは全く違った国

になります。

　長い目で世界の潮流を見ている投資家は、だから軍需産業関連の株に注目しているのです。

注意したい日本の軍需産業関連株

　軍需品売上高で世界トップ 100 社に入っている日本の企業は、三菱重工業、川崎重工業、富士通、IHI の 4 社。日本の主だった軍需産業企業とその主力分野は、以下の通り。

- 三菱重工業（戦闘機、航空機）
- 川崎重工業（ヘリコプター、潜水艦）
- 富士通（ネットワーク）
- IHI（エンジン）
- 三菱電機（ミサイル）
- NEC（レーダーなどの電子機器）
- ダイキン工業（砲弾）
- 東芝（ミサイルシステム）
- コマツ（装甲車）

・日立製作所（情報システム）

これまでの30年間日本は平和主義を貫き、いささか平和ボケになっていましたが、これからは違う。もう第二次世界大戦時のように日本は孤立しない。西側諸国の一員として信頼される国になっています。

世界の趨勢によって自衛隊は一層強化され、今すでに日本は世界の軍事力（防衛費）ランキングで、1位アメリカ、2位中国、3位ロシア、4位インド、5位イギリス、6位サウジアラビア、7位ドイツ、8位フランスに次いで第9位です。核保有国かどうかを考慮しないランキング（GFP：Global Firepower Index、核兵器の保有を考慮しない軍事力の評価指標）ではアメリカ、中国、インド、ロシア、フランスについで第6位にランクされています。

驚くほど多い日本の軍需関連の製造企業

一般にはあまり知られていませんが、日本には防衛産業に関わる企業が数多く存在します。護衛艦関連に携わる製造企業は約8300社、戦車関連は1300社、砲弾関連は1100社あります（産経新聞2023年11月9日）。

三菱重工業は1対10の分割を行ないました。デフレの時代の30年近く株価が上がらなかった大企業、エリート企業の代表です。上がり始めて株価が高くなれば株式分割する可能性が高いでしょ

大手企業の不動産含み益

楽天証券のスクリーニングによるベスト10

1	三菱地所	4兆6,339億円
2	住友不動産	3兆7,367億円
3	三井不動産	3兆2,626億円
4	JR東日本	1兆5,867億円
5	NTT	1兆3,707億円
6	阪急阪神HD	5,324億円
7	東京建物	5,264億円
8	東急	5,259億円
9	イオン	4,638億円
10	東京ガス	4,492億円

※出典：日本証券新聞2024年3月29日

う。その分割は買ったほうがいいかもしれません。

　日立製作所などもそろそろかもしれない。今の新高値は34年ぶり。1万4000円近辺。おそらく分割するでしょう。

　海外で戦争が続き、インフレで物資が不足し、需給は逼迫しています。不動産株も上がってきています。

　日本の大手不動産は土地を大量に所有していますから、含み益が物凄い。含み益が一番大きいのは三菱地所、三井不動産、住友不動産です。

世界が注目、警戒する日本の技術力

　戦争は究極のところ、核戦争を予感させます。

　核兵器が使われればその後の悲劇は想像を待ちません。仮に、将来、日本が核兵器を保有したら、ロシアや中国にとってこれほどの脅威はないでしょう。

　アメリカ大統領ジョー・バイデンはバラク・オバマ政権下の副大統領として訪中、習近平国家主席と協議した際、

「日本はその気になれば一晩で核保有を実現する能力がある」

　と発言しています（2016年6月 PBS・アメリカ公共放送のインタビュー）。

　厳しい戦争の時代です。平和の時代は2020年で終わった。長らく続いた平和な時代の常識に慣れてしまっている日本人は覚醒しなければなりません。

少なくともそうした危機に備えなければならない。

「まさか日本が攻められることはない」と思っていると危険なのです。ロシアはすでに核兵器の数（5889発）ではアメリカ（5244発）を上回っています（ストックホルム国際平和研究所、2023年1月時点）。

政府にたてつけば拘束され、拉致され、拷問、処刑、収容所送りとなるロシア、中国、北朝鮮などの国と平和裏に交渉することなど無理です。だから戦争は避けられません。かの国のトップが何らかの理由で倒れ、政権が転覆でもされない限りは。

黄金株をどう見つけるか

平和な時代は2020年に終わりました。エポックメイキングはコロナの大流行でした。これがカタストロフィーとなった。

アメリカではマイクロソフト、アップルなどの株価が上場から100倍になりましたが日本はまだまだこれからです。

とてつもない技術革新が着々と日本では進められています。我々投資家が資産を大きく殖やせるかどうかは、

画期的、革新的なパラダイムシフトを可能にする技術を開発する企業を素早く見つけられるかどうか

にかかっています。

黄金株を自分でどう見つけるか。見つけられるかどうか。

歴史を振り返ると、追い詰められれば追い詰められるほど、日

本では起死回生の技術革新が起こっています。「もうやらざるを得ない。そうしないと未来はない」というところまで追い詰められた時、日本では明治維新や戦後の奇蹟的な復興のような大転換が起きているのです。

　幕末、マシュー・ペリーがアメリカ合衆国海軍東インド艦隊を率いて浦賀にやって来て（1853年）開国となりました。結果的にはいやいや開国したわけですが、旧態依然の体制と発想のままではアジアや中国のように西欧の属国となることがわかった。

　だから「尻に火がついた」のです。

　結果として、開国下、政治、文明、軍事力が猛烈なスピードで改革され見事に先進国として脱皮できたのです。多くの歴史家も、

「日本は開国後の改革スピードが劇的だった」

　と評価しています。

脱皮を迫られている日本

　鎖国が解けてから、実際に欧米の戦艦はやって来て、薩摩は薩英戦争（1863年）を起こします。鹿児島県とイギリスが戦争をしたのです。そして敗北し、屈辱的な敗戦処理から、当時の日本のトップたちは欧米並みの軍事力を持たないと植民地化されると痛感した。そのため陸軍はドイツ、海軍はイギリスに学び、三顧の礼を持って将校を招聘し軍事教育を受けた。その教え子たちが軍部のエリートとなり日露戦争を戦い、勝利したのです。

不穏な時代に突入した今、日本は開国直後のような改革、脱皮の必要性に迫られています。そのためには直面する危機を乗り越える技術革新が必須であり、現実的に着々と進められているのです。

　例えば『2024　世界を変える100の技術』（日経BP）にはその一端がレポートされていて興味深い。

　建築、土木、電気、エネルギー、モビリティー、医療、食農などの分野で、世界を激変させる技術革新がまさに近々開発寸前であることがわかります。もちろんAI、IT・通信の分野でも続々新しい技術が開発されようとしています。

　例えば、海の魚を陸の水槽で養殖する陸上養殖。

　注射で投与していた薬を簡単に鼻から投与できる経鼻投与型製剤。

　道路交通法が改正され、公道走行が可能になった自動配送ロボット。

　植物、動物の細胞を培養してつくる人工肉。

　無線でデバイスやバッテリーの交換、給電ができる無線給電、無線充電等々。

影響避けられない11月アメリカ大統領選

　2024年後半、不穏かつ予断を許さない注目すべきイベントは、

やはり11月のアメリカ大統領選挙です。トランプは予備選の演説で、

「バイデンが大統領だから今、戦争が起こっている。私の大統領時代に戦争はなかった。自分が大統領になったら24時間以内にウクライナ戦争を終わらせる」

と豪語しています。

果たしてどうなるか。

事実、バイデン大統領の外交面での弱腰（2021年、アフガニスタンの米軍撤退が象徴的）がロシアや中国、北朝鮮を勢いづかせたのは、欧米の識者の多数意見です。

アメリカ大統領選挙の結果が気になります。ウォール街の知人たちもトランプが大統領に復帰すれば世界秩序はより回復に向かうと見ています。国際金融市場はトランプリスクを心配し、

「トランプが大統領になったら世界同時株安」

との予測が大勢を占めますが、これまで私が何度も発信しているように、

そういう時こそ株は絶好の買い場到来となる

のです。

将来性のある株も、成長株も一律に暴落する時こそ私たち投資家は、冷静に、そして素早く、割安となった黄金株を手に入れなければなりません。

安倍元首相の全方位外交に対し、岸田外交の評価は？

　我が国で最たる地政学的リスクはロシアですが、安倍晋三元首相が生きていたならば、ウクライナ侵攻後でもここまでロシアと敵対する関係にはならなかったと私は思います。

　なぜなら彼は直接プーチンと話をすることができる政治家だった。なんと首相在任中に計27回もプーチンと公式に会談しています。政治的駆け引きがあってもできるだけロシアの代表と友情に近い関係を築こうとしていました。もちろんそれでもロシアは北方領土を返還しなかったわけですが、少なくとも対話のチャンネルは切らさなかったでしょう。

　北海道の漁民が安心して漁ができる環境は守られたと思います。今、北海道の漁業は大変です。特に根室など北方領土に近い海の水揚げは驚くほど減少している。ロシアに拿捕される危険性があるからです。ロシア軍は北方領土にミサイルさえ設置しようとしている。日本の第一次産業が過剰な緊張に強いられて危機にあるのです。

　安倍元首相は当時のアメリカ大統領トランプとも良好な関係を築きました。

　実は安倍元首相は中国とも関係改善に努め、今ほど関係は悪くありませんでした。首脳会談実現のため中国を公式訪問し、膠着した日中関係の打開と促進に努めました。つまり安倍元首相は全方位外交を展開してどんな国とも敵対することなく等間隔で外交

を展開していたのです。

　しかし岸田首相は先の訪米でも国賓待遇で迎えられたのはよい
のですが、ロシア、中国とはまったくコミュニケーションがあり
ません。とくにロシアを敵に回してしまっています。これが日本
の大きなリスクになっています。

岸田首相が高める日本の地政学的リスク

　外交は中立的に、手広く展開しなくてはならないと思います。
いかに戦争を避けるか、戦争にならないように、日本が巻き込ま
れないようにするためにどうするか、それが外交の重要な役目の
一つです。その感覚が今の政権、岸田首相に希薄な点が気にかか
ります。

　バイデン大統領はプーチン大統領のことを言葉を荒げて批判し
てきました。「戦争犯罪者だ」と明言している。ロシアは日本を
アメリカと同じ考えだと見ているでしょう。日本にとっては地政
学的リスクが一層高まりました。

　その点で外交的手腕を発揮しているのがインドです。インドの
中立政策は賢明です。ナレンドラ・モディ首相はロシアにもアメ
リカにもそして中国にも八方美人的に接し、いい顔をしてつかず
離れず、どちらからも譲歩を引き出してインドに恩恵をもたらし
ています。

　ロシアや中国からは石油を安く輸入して、アメリカに文句も言

わせずいい経済関係を保っている。インドは将来大国になると予想されています。実際、アップルもテスラもインドに大きく投資しています。インドと岸田外交のどちらが正しいのか、いずれ歴史が証明するでしょう。

第4章

インフレ時代の投資戦略

——

バリューの一流株からお宝株を発掘せよ

穀物、飼料の不足がインフレを加速

　現在ウクライナやパレスチナで痛ましい戦乱が続き、有形無形の影響が世界経済に及んでいます。世界有数の穀物輸出国のウクライナが戦地となり、穀物、飼料が慢性的に不足し、インフレを加速。過去の歴史を調べればいかなる場合でも戦争はインフレを呼び込むことがわかります。物資が決定的に不足する。今一番物資が不足しているのはウクライナとパレスチナです。

　これを欧米が支援しているのです。食料、衣料品を含め衣食住すべてが足りない。戦争で国土が荒廃すればするほど物資は不足します。農地は廃土となって作物が収穫できなくなり、牛、豚、鳥など畜産業も壊滅的な打撃を受けています。家畜が減少し、飼料も減産する。世界で進行する慢性的なインフレの要因の一つです。

　インフレのさらなる拡大の予兆もあります。FRBが利上げをしたり、金融引き締めを行なっても、もはや世界的なインフレ傾向は抑え切れないでしょう。アメリカの金利とインフレは、2024年6月現在高止まりしています。

　米国債2年モノは4.88、3年モノは4.63、10年モノは4.00、30年モノ4.25％（2024年4月現在）と短期も長期もほとんど変わらない4％台。下がったと思ったら再び上がり微動で4％台の攻防。一番高い場合は5％。今は5％が壁になっています。

　前述した通り、もはや一中央銀行の政策で為替も金利もどうにかできる問題ではありません。FRBの金融政策だけでは制御で

きない。そして現実はさらなるインフレが世界と日本に刻々と迫っている状況です。

投資のターゲットはインフレに強い企業

以上の背景から今後の投資テーマはやはり、

インフレに強い企業

が狙い目となります。

株式市場のテーマだけでなく、世界の投資家が考えているテーマは、

インフレに強い企業はどこか

です。

私のところにも海を越えてウォール街の知人たちから、

「日本株でインフレに強いものを教えてほしい」

と連絡が来ます。

ウォール街でもっとも注目されているテーマ、セクターは戦争とインフレなのです。この戦乱の時代、いかにして生き残るか。国家にとっても、企業や個人にとっても差し迫った課題です。投資はグローバルなインフレ時代に利益を出す会社を見つけなければ勝てません。

日本の比ではない欧米のインフレ

　世界に比べれば日本のインフレは生易しいと言ってもいいレベルですが、欧米は大変なことになっています。

　コロナ禍の2021年、アメリカは8％、ユーロ圏は10％。グローバル共通の供給ショックと需給ショック（みずほリサーチ＆テクノロジーズの分析）で、今後、ハイパーインフレになる危惧さえあるのです。

　例えば南米のベネズエラ。長らく3ケタのインフレ率が続いて、2023年は189.8％。通貨の価値がほとんどありません。ベネズエラの国民は自国通貨を受け取ったらすぐ暗号資産のビットコインに交換したり、700万人近い国民がすでに新天地を求めて海外脱出しています。

　最低賃金は月給が6ドル。首都カラカスは5％の富裕層と95％の貧困層に分断され、高級商業施設の電気店にはテレビが11万ドル（約1600万円）で売られているというのです（朝日新聞デジタル2023年9月）。

　自国通貨が価値を失っているため、物々交換も行なわれて「飲料水が欲しい人は洋服を持って来なさい。交換しましょう」と事態は深刻です。

　欧米に比べ日本は幸い適度なインフレに向かいつつあります。

　日本の金利が今後上がった場合、1〜2％近辺で推移してくれればまだ我慢がききますが、さらに上がってくると怖い時代に入

っていくのではないでしょうか。

アメリカは2023年10月にインフレ率は9％、金利も5％を突破した。日本では想像もできない株価高の時代に突入しています。2024年にはインフレ金利も少し下がっていますが高止まりしています。

インフレ時に上がる株──不動産、資源

繰り返しますがインフレ時に価値が上がるのは、一に株、二に不動産、三に資源です。

株式投資を目指す人は、まずインフレの波に乗らなければなりません。

不動産と関連した建設も将来は潤うはずです。

資源は何もかも値上がりしています。金は史上最高値を更新。天然ガスも銅も上がっている。世界有数の天然ガス産出国のロシアには追い風となっているでしょう。

欧州および中東での戦争が長引けば、アメリカとドルの衰退は加速するかもしれません。バイデン政権はドル高政策をとっているため、当面はドル高円安時代が続くでしょうが。

バイデン政権のバラマキと戦争特需によって、日本株だけでなくアメリカ株の上昇もまだしばらくは続くと思います。しかし、長期的にはアメリカのリスクは日々高まっています。

気になるアメリカの台所事情

　アメリカは世界のマネーをドルに集めようとしています。ドルに世界のマネーが集まらなければウクライナ支援どころではなくなるからです。2024年4月23日、米上院で超党派などの賛成多数で610億ドル（約9兆4000億円）のウクライナ支援がようやく可決されました。

　長い期間アメリカの議会はウクライナ支援の再開を決められずにいました。野党の共和党が多数を占める下院では慎重論が大勢を占めていたからです。しかし下院の審議を突破できた。

　共和党が反対するのも無理のない話です。アメリカはウクライナ支援のために史上かつてないほどの国債をこれまで発行しているからです。「台所は火の車」なのです。

アメリカにとってこれが将来、大変な国家的債務負担になる

のは明らかです。

　アメリカ議会が承認して来た支援資金の総額は、なんと1130億ドル（約16兆8360億円。国防省監察総監室が算出。2023年末時点）。

　最大のウクライナ支援国であるアメリカは、ロシアの侵攻後の安全保障支援として460億ドル（約6兆8500億円）を拠出しています。

　この2年ぐらいの間にアメリカの債務は、コロナ前の倍ぐらいになっています（ロイターによると、2023年12月29日時点でのアメリカの公的債務残高は34兆ドルを突破）。

すでに始まっているエネルギーの争奪戦

インフレヘッジに強い企業はどこか。

　ウォール街や世界の投資家は、今、ここに着目しています。

　ウクライナ戦争やイスラエルのガザ侵攻など、最終的なシナリオがどこに向かおうとも、インフレの流れは今後当分続く。そして世界に影響を与えている戦争経済で、エネルギーの大争奪戦が起きています。

　石油価格は将来100ドル、200ドルになってもおかしくはない。アメリカのCME（シカゴ・マーカンタイル取引所）の石油先物トレーダーたちの中には、

「1バレル100ドル以上になる」

と予言している人が多くいます。

　すでに原油先物は過熱状態。大量に取引されています。将来は150ドル、200ドルもあると予測している人が増えています。シカゴ・マーカンタイル取引所は24時間の電子取引システムもあり、夜間の価格変動が翌日の日経平均株価に影響したりします。

　金もしかり。1オンス2300ドルが、

「そのうち3000ドルになる」

というアナリストが多い。COMEX（シカゴ・マーカンタイル取引所傘下のニューヨーク取引所）のNY金先物は活発です。日本でも東京商品取引所から移管された大阪取引所では昼間だけでなく、夜間も午後4時半から翌朝6時まで取引できます。

　プラチナなど資源はなんでも上がってきている。そして金も石

第４章

油もすべて含め、

世界は資源とエネルギーの争奪戦

の真っ只中にあります。新聞やテレビのニュースを観ているだけでは世界のこの変化がわかりにくい。

日本株も資源関連に要注目！

私もエネルギー関連の株を注視し続けています。

注目しているのは**住友金属鉱山**。14の国と地域に金、ニッケル、銅の鉱山や製鉄所、駐在所を持つグローバル企業。

出光興産は石油の最大手。2050年頃どのようなエネルギーや素材が社会に必要とされるか、20年以上先を見据えた中長期計画で、石油はもちろん石炭、天然ガス、地熱発電に特化した技術革新を進めています。

INPEX もいいでしょう。資源関連で原油、ガスの開発生産では国内最大手。低PBRで高配当、好業績。狙い目です。すでに上がっています。

資源に直結した大手金融関係ならば**東京海上ホールディングス**。保険持ち株会社として損害保険会社、生命保険会社、証券専門会社、保険業の外国の会社、子会社の経営管理を行なう企業で、業績よし、配当はまあまあ。PBRも低い。しかしこれもすでに上がっています。

あるいは大手商社5社、日本を代表する総合商社も要注目です。

住友金属鉱山の株価推移

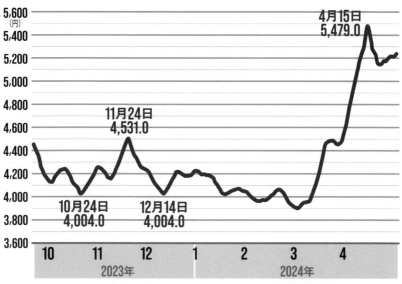

4月15日
5,479.0

11月24日
4,531.0

10月24日
4,004.0

12月14日
4,004.0

三菱商事、**伊藤忠商事**、**三井物産**、**丸紅**、**住友商事**は世界中の資源を抑えているからです。数年前、著名投資家ウォーレン・バフェットの日本五大商社買いでうま味は薄れていますが、私は商社ランキング６位の**双日**に注目しています。

資源関連で忘れてはいけないのは 食料と水資源

　資源関係では、値上がりが止まらない食料関連、水関連にも注目しましょう。食品関連株は引き続き狙い目。100 円のカップラーメンが200 円に。200 円になっても買いたいという外国人はいる。

第4章

食料品全般の高騰で食べ物がないからです。**日清食品、東洋水産**のカップラーメンが食料不足の地域に大量に支援輸送される。そういうケースが今後予想されます。

マスコミがまだ気づいていない富の争奪戦

　グローバルインフレで慢性的な需給不足、そのための争奪戦が繰り広げられる中、エネルギー、食品・水の次にターゲットとなるのは富です。

　富の争奪戦とは何か。

　具体的にはお金、マネー。お金をたくさん持っている者が勝利する。その明白な現実に人々は群がる。持たざる者が持つ者から奪う。奪い取る。

　この熾烈な戦いはすでに世界のいたるところ、水面下で起きています。

　日本の消費者物価がこれから上がってくるでしょう。そうなるとエネルギー、食品に限らず、何かしら物を売っているビジネスはみな潤います。2023年まで1個10円で販売していたものが20円になった。売上高が労せずして2倍になる。今はそういう時代なのです。

　そこに富の格差ができる。成功した者、敗れた者、その間の格差はますます広がっていきます。

■コロナ禍以後も増えている富裕層

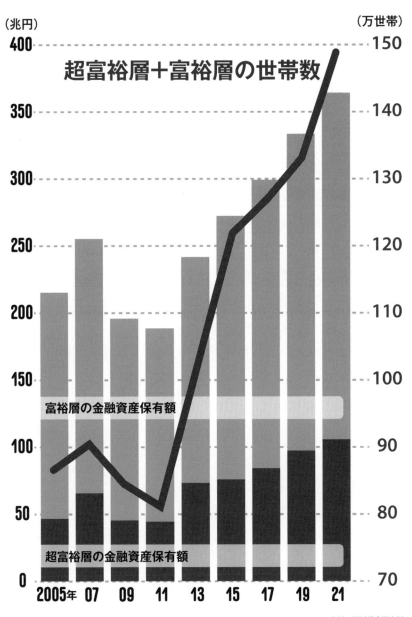

（兆円）

400

350

300

250

200

150

100

50

0

超富裕層＋富裕層の世帯数

富裕層の金融資産保有額

超富裕層の金融資産保有額

2005年　07　09　11　13　15　17　19　21

（万世帯）

150

140

130

120

110

100

90

80

70

出所：野村総合研究所

第
4
章

119

投資で勝つための方程式はこれしかない

　以上挙げたセクター、資源・エネルギー、食品・水は、目ぼしい株を見つけるとそのほとんどは**バリュー株**（大企業、エリート企業でまだ割安感のある株）です。

　グロース株（新興企業で知名度はないが成長性が見込める株）ではない。**資源、不動産、金融の関連ともにバリュー株を見つけること。業績が良く、配当がよく、PBRが1倍割れの企業を探す。それが今回の投資テーマ**です。

　株で勝つには、

分母に資源、不動産、金融、分子に画期的な技術革新、好業績、高配当、PBR1倍割れ（あるいは低PBR）をおく分数

こそが、勝てる株の方程式となる。

　大変わかりやすいこの方程式で見つけられる銘柄は何か。それを本書で紹介します。

　2024年の投資銘柄はこの方程式で勝てる。ただしきちんと方程式に当てはまるケースは少ない。どこで妥協するか。決めるか。

　先に紹介した住友金属鉱山で見てみましょう。

　分母は資源の銘柄で該当、しかし分子は技術革新が進み好業績で低PBRですが、高配当ではない。分子がどこかでバチッと合う銘柄を選んでいくといいでしょう。ストライクゾーンすべてに当てはまる銘柄はなかなかありません。ストライクが3つ（3社）取れれば良しと考えるべきでしょう。手堅くいくことばかり考えていると、時間ばかり過ぎて三振します。まずは1銘柄を狙って

▶2024年スガシタ式 勝利の方程式

$$勝てる株 = \frac{(画期的な技術革新) + (好業績)}{(資源、不動産、金融)}$$

資源、不動産、金融関連企業の中で、
画期的な技術革新に成功し、
業績のいい企業を探す。
これが今年、投資で勝てる必勝の方程式。

みる。

『会社四季報』を見ながら業績好調の点だけを重視して買っても構わないでしょう。自分で調べるのは大変ですが、『会社四季報』なら一目でわかる。数字を見ればわかります。

新 NISA を始める人へ

　投資の初心者で新 NISA をこれから始めたいという人も多いでしょう。個別の銘柄を買いたい場合にはバリュー株です。

　グロース株には手を出さないことです。バリュー株に絞る。

グロース株は、その銘柄が本当にいいかどうか調べるのが大変で、間違った場合は大損する可能性もある。値下がりした場合、バリュー株に比べて下がり方が半端ではありません。投資の初心者には厳しいでしょう。

（AI関連の黄金株を見つけるのが難しい理由）

　グロース株を代表するAI関連は特に、その企業の業態、技術の内容を調べて理解するのは困難を極めます。人工知能（AI）ブームを追い風にした米株高の勢いは止まらず、3月1日の米国株式市場ではS&P500種株価指数とナスダック総合株価指数が連日で最高値を更新。ハイテク株の比率が相対的に低いダウ工業株30種平均も続伸しました。

　しかし「ウォール街ラウンドアップ」などのコラムは、「AIの効果を理想化し過ぎているかもしれない」（3月2日の日本経済新聞夕刊）と注意を促していて、話題になりました。

　理想通りの効果がなければ当然リスクが発生する。その反動でAI関連の株価は急落する。AI革命の理想と現実の間にギャップはないかを冷静に見極めるべき、とコラムは締めくくっています。

　AI関連株がけん引する米国株高には要警戒であり、例えばエヌビディア株価の急上昇は過熱気味だと見る向きもあります。

新NISAで初めて日本株を買うならば、バリュー株買い

がやはりおすすめです。

バリュー株への投資の利点は 「リスクが少ないこと」

　バリュー株は実際の価値よりも株価がかなり安いものが多い。そのため割安株とも呼びます。これと思った銘柄は、まずその企業の業績を調べ、配当が高いかどうか調べ、低PBR（1倍以下）かどうか確認する。何でもいいわけではありません。リスクを低くするためにも、一流企業でかつ好業績、高配当、低PBRの株を見つけて買うことです。

　例えば手元資金で投資に使えるお金が120万円ならば、とりあえずは毎月積み立てで10万円ずつ、1年買ってみることです。1年間株価がいい時も悪い時も関係なく積み立てる。

　一番危険な投資法は、ある銘柄に一度に120万円すべてをつぎ込んで買うこと。1ヵ所、1銘柄に絞って資金すべてを投じて買うと、相場全体が暴落した場合どんなにいい銘柄でもつられて下がります。そのため青ざめてしまうことになります。1ヵ月に10万円ずつ買うというのは、時間差があるので株価のアップダウンの影響をもろには受けない。しかし一時にまとめて資金を全部投入すると、暴落した時ダメージが強いのです。

　毎月決まった日、月末、月初などに一定額、たとえば10万円を投資するやり方（ドル平均コスト法）は、初心者にはリスクが少ないのです。

初心者は個別銘柄への投資を控えるのも一考

また別の角度からアドバイスするなら、

個別銘柄を買うのはやめる

ということ。

インデックスファンド（投資信託、上場投資信託）、日経225（日経平均株価）、NY ダウ、MSCI オール・カントリー・ワールド・インデックス（先進国、新興国の株式に投資できる）などのインデックスファンドに投資する。

少額から投資できるので例えば毎月1万円ずつ投資する。この方法ならリスクは少ない。

新 NISA に参加し、どうしても個別銘柄に投資したい人は、繰り返しますが、基本的にはバリュー株で割安、好業績、高配当の一流株に注目するといいでしょう。**業種はインフレ時代に強い不動産、金融、資源。**

不動産ならば三井不動産、三菱地所、住友不動産の大手3社。

海運3社（日本郵船、三井商船、川崎汽船）も大きく値を伸ばし、川崎汽船は3倍超になりました。配当も高く、1万株もっていれば配当だけで約150万。しかしこれはもう過去の話、これから儲かる銘柄を探さなくてはなりません。

ただし海運関連はまだ可能性があります。円安のメリットが大きいからです。未だに配当は150円台。今後160円台に上がるかもしれません。

［ドル建て資産を持つこともリスク回避になる］

　また海外ものへの投資ならば**ドル建て**で何か資産を買うのもいいでしょう。

　ロシアの動きが相変わらず不穏で、戦争が起きれば起きるほどアメリカの力は分散される。またあちこちで戦争が起きたほうが資源価格は上がります。ロシアは石油、天然ガスなどエネルギー大国なのです。ドイツをはじめ EU の国の中にはロシアの資源に依存する国も多い。

　東アジアでは北朝鮮が暴発する可能性もある。今の弱腰のアメリカの態度を観て韓国の政権はかなり強い危機感を感じているようです。
「東アジアに有事発生か」
　という憶測記事が出るだけで市場は暴落するでしょう。そのためにもドル建ての資産も持っていると安全ではないでしょうか。ドル預金すると今は金利5％。悪くありません。

黄金株 30 のリスト
要注目の個別銘柄

...

東プ＝東証プライム
東ス＝東証スタンダード
東グ＝東証グロース

...

ここでは、「スガシタボイス」の会員向けサービスとして行っている注目銘柄のチャートの読み方を、紙上レッスンとして公開します。波動が読めるようになると、株価予測の精度が上がることで投資成績も上がっていくことが期待できます。30 銘柄の後には、日経平均、NY ダウなど主要経済指標のチャートレッスンを収録しました。ぜひ参考にしてください。

127

バリュー株

	企業名	コード	市場	PBR	配当利回
1	住石ホールディングス	1514	東ス	5.8倍	2.15%
2	INPEX	1605	東プ	0.7倍	3.22%
3	双日	2768	東プ	1.2倍	3.52%
4	東洋水産	2875	東プ	2.9倍	1.53%
5	アンビションDXホールディングス	3300	東グ	1.4倍	2.66%
6	セントラル硝子	4044	東プ	0.8倍	4.92%
7	イーグル工業	6486	東プ	0.9倍	4.30%
8	三菱電機	6503	東プ	1.8倍	1.77%
9	三菱重工業	7011	東プ	0.3倍	1.61%
10	川崎重工業	7012	東プ	1.6倍	2.54%
11	丸紅	8002	東プ	1.9倍	3.01%
12	住友商事	8053	東プ	1.3倍	3.16%
13	東京海上ホールディングス	8766	東プ	2.7倍	2.46%
14	三井不動産	8801	東プ	0.5倍	2.06%
15	住友不動産	8830	東プ	1.4倍	1.36%
16	日本郵船	9101	東プ	1.0倍	3.24%
17	商船三井	9104	東プ	1.0倍	3.55%
18	川崎汽船	9107	東プ	1.2倍	3.68%
19	北海道電力	9509	東プ	1.4倍	1.47%
20	北海道ガス	9534	東プ	1.0倍	2.22%

※ PBR、配当利回は2024年5月17日引値ベースです

グロース株

	企 業 名	コード	市場
1	SHIFT	3697	東プ
2	さくらインターネット	3778	東プ
3	Ubicom ホールディングス	3937	東プ
4	PKSHA Technology	3993	東ス
5	ヘッドウォータース	4011	東グ
6	ソースネクスト	4344	東プ
7	ACCESS	4813	東プ
8	Arent	5254	東グ
9	ソシオネクスト	6526	東プ
10	レーザーテック	6920	東プ

巻末付録

バリュー株

住石ホールディングス

東ス | 1514

株価は 2024 年 5 月中旬現在

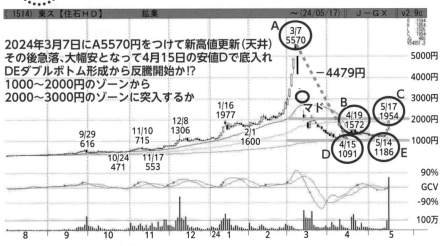

(1514)東ス【住石HD】　　　鉱業　　　　　　　　　　　～(24/05/17) ‖ J－GX ‖ v2.9c

2024年3月7日にA5570円をつけて新高値更新（天井）
その後急落、大幅安となって4月15日の安値Dで底入れ
DEダブルボトム形成から反騰開始か!?
1000～2000円のゾーンから
2000～3000円のゾーンに突入するか

床（フロア）1000円　壁2000円
1000円に下値支持線
2000円に上値抵抗線
A→D半値戻しの3000～3300円近辺が当面の壁

資源の輸入販売、海外企業への投資も行なう

　住友石炭鉱業株式会社（現・住石マテリアルズ株式会社）の持
株会社として平成20年10月1日に設立。住石グループは、石炭
の輸入販売、人工ダの輸入販売のほか、人工ダイヤなどの先端素
材の製造販売、砕石の採取、加工、販売の3事業を展開するとと
もに海外石炭会社などへの投資も行なっている。

130

バリュー株　　　　　　　　　　　　　　　　　東プ ｜ 1605

INPEX

株価は 2024 年 5 月中旬現在

日足

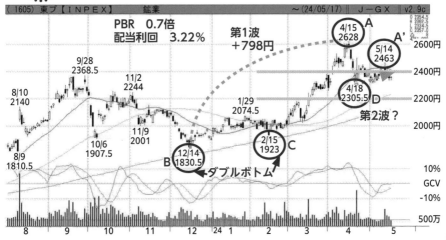

BCダブルボトム底入れから上昇開始
2024年4月15日にA2628円をつけて新高値更新
その後押し目
2200〜2400円のゾーンに落下
床（フロア）2200円　壁2400円
2400円に上値抵抗線 2200円に下値支持線
2400円の壁を突破して2400〜2600円のゾーンに入るか

石油、天然ガスが基盤事業

　INPEX グループは石油や天然ガスの探鉱・開発・生産という
上流事業を中核とした会社として発展。アジアを中心として伸び
続ける世界のエネルギー需要に応える。水素・アンモニア、再生
可能エネルギー、カーボンリサイクル・新分野事業、森林保全の
分野で信頼される主要なプレーヤーとして地位を確立している。

巻末付録

双日

株価は2024年5月中旬現在

日足

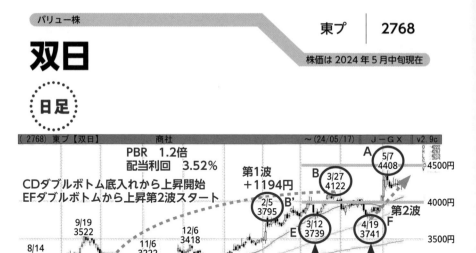

(2768) 東プ【双日】　　　商社　　　　　　　　　　～(24/05/17) ‖ J－GＸ ‖ v2.9c

PBR　1.2倍
配当利回　3.52%

CDダブルボトム底入れから上昇開始
EFダブルボトムから上昇第2波スタート

第1波
＋1194円

A 5/7 4408

B 3/27 4122

2/5 3795　B'

9/19 3522

12/6 3418

E 3/12 3739

4/19 3741　F

第2波

8/14 3163

11/6 3222

8/18 2977.5

12/19 3131

C 10/4 2928.5

10/31 2930　D

マド

ダブルボトム

ダブルボトム

4500円

4000円

3500円

3000円

10%

GCV

-10%

200万

8　9　10　11　12 24 1　2　3　4　5

2024年5月7日にA4408円をつけて新高値更新
4000～4500円のゾーン
床(フロア)4000円　壁4500円
4000円に下値支持線　4500円に上値抵抗線

若い活力のみなぎる気鋭の総合商社

　発足20周年。源流となっているニチメン、日商岩井の成り立ちまで遡ると160年を超える歴史を併せ持つ。若さ溢れる可能性とチャレンジ精神で世界中に新しい価値を作り続けている。国内外約400社の連結対象会社とともに、世界のさまざまな国と地域に事業を展開する総合商社として、幅広いビジネスを展開。

バリュー株

東洋水産

東プ | 2875

株価は2024年5月中旬現在

日足

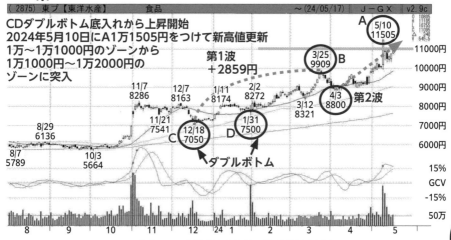

(2875) 東プ【東洋水産】　　食品　　　　　　　　　〜(24/05/17) ‖ J−GX ‖ v2.9c.

CDダブルボトム底入れから上昇開始
2024年5月10日にA1万1505円をつけて新高値更新
1万〜1万1000円のゾーンから
1万1000円〜1万2000円の
ゾーンに突入

第1波
＋2859円

A 5/10 11505

3/25 9909 B

4/3 8800 第2波

11/7 8286
12/7 8163
1/11 8174
2/2 8272
3/12 8321
11/21 7541
12/18 7050 C
1/31 7500 D

8/29 6136

8/7 5789
10/3 5664

ダブルボトム

11000円
10000円
9000円
8000円
7000円
6000円

15%
GCV
-15%
50万

8　　9　　10　　11　　12　24　1　　2　　3　　4　　5

床(フロア)1万1000円　壁1万2000円
1万1000円に下値支持線

アジア、欧米に浸透している「マルちゃん」ブランド

　水産加工をはじめ、「マルちゃん」ブランドで知られる総合食品メーカー。

　1961年より開始した国内即席麺事業は、「赤いきつねうどん」「緑のたぬき天そば」「麺づくり」などのロングセラー商品を生む。コロナ禍以後も、世界的に需要が高まり、驚異的にシェア拡大。新しい即席麺のスタンダードを構築し続けている。

巻末付録

アンビションDXホールディングス

株価は2024年5月中旬現在

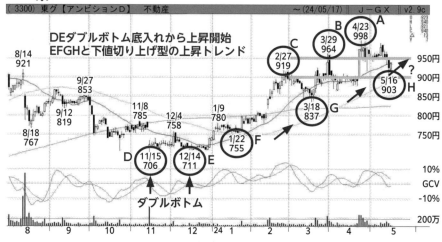

（3300）東グ【アンビションD】　不動産　　　　　　　　　～（24/05/17）‖ J－GX ‖ v2.9c

DEダブルボトム底入れから上昇開始
EFGHと下値切り上げ型の上昇トレンド

A 4/23 998
B 3/29 964
C 2/27 919
8/14 921
9/27 853
9/12 819
11/8 785
12/4 758
1/9 780
5/16 903 H
3/18 837 G
1/22 755 F
8/18 767
D 11/15 706
12/14 711 E

ダブルボトム

950円
900円
850円
800円
750円

10%
GCV
-10%
200万

2024年4月23日にA998円をつけて新高値更新
その後押し目　900～950円のゾーン
床（フロア）900円　壁950円
900円に下値支持線
950円に上値抵抗線

不動産業界にデジタル化を導入した先駆的企業

　ノウハウをビックデータで蓄積しデジタル化に進化した不動産事業を展開。

　部屋を探している人には店舗に行かず直接物件を借りることができるセルフ内見。入居者には非対面での契約手続きや賃貸更新を電子マネー決済で支払いが可能に。ワンストップで最大の効率を上げている。

バリュー株

東プ ｜ 4044

セントラル硝子

株価は2024年5月中旬現在

日足

（4044）東プ【セントラル硝子】　化学　　　　　　　　〜(24/05/17)　J-GX　v2.9c

PBR　0.8倍
配当利回　4.92%

A　5/15 3490　大マド

- 9/19 3125
- 8/18 2790
- 10/4 2807
- 11/8 2580
- 11/24 2737
- 12/26 2593
- 12/7 8163
- 1/11 2809
- 1/26 2715 B
- 2/26 2941
- 3/12 2734 C
- 3/27 2924
- 4/19 2710 D
- トリプルボトム

3400円／3200円／3000円／2800円／2600円／10%／GCV／-10%／20万

BCDトリプルボトム底入れから
2800〜3000円のボックス相場の壁
3000円近辺を大マドをあけて突破
2024年5月15日にA3490円をつけて新高値更新
3400〜3600円のゾーンに突入
床（フロア）3400円　壁3600円
3400円に下値支持線

巻末付録

唯一無二の専門に特化した化学メーカー

　ソーダ製品の製造販売を行なう化学メーカーとして設立。その後ソーダ灰を原料とするガラス事業に進出。現在は化成品、ガラス、ガラス繊維、肥料の各分野で事業を展開している。化成品事業は、高性能半導体材料、リチウムイオン電池電解液、医療材料の分野で高い競争力により堅実な成長を遂げている。

イーグル工業

株価は 2024 年 5 月中旬現在

日足

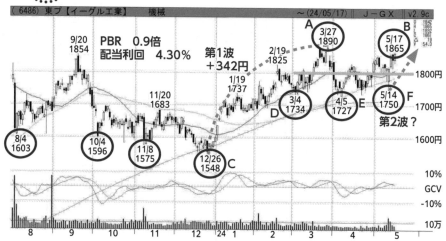

（6486）東プ【イーグル工業】　機械　　　　　　　　〜（24/05/17）　J-GX　v2.9c

- PBR　0.9倍
- 配当利回　4.30%
- 第1波 ＋342円

9/20 1854
8/4 1603
10/4 1596
11/8 1575
11/20 1683
12/26 1548 C
1/19 1737
2/19 1825
3/4 1734 D
3/27 1890 A
4/5 1727 E
5/14 1750 F
5/17 1865 B
第2波？

1800円
1700円
1600円

GCV 10% / -10%
10万

2024年3月27日にA1890円をつけて新高値更新
その後押し目1700〜1800円のゾーンへ
1700〜1800円のゾーンから1800〜1900円のゾーンに突入
床（フロア）1800円　壁1900円
1800円に下値支持線
ABダブルトップか上昇第2波か!?

動力軸封装置メーカーとしてグローバルに活躍

　陸・海・空のモビリティーを追求する総合部品メーカー。ドイツのメカニカルシールメーカー、ブルグマン社と組んでイーグルブルグマンブランドを展開。動力軸封装置メーカーとして、石油精製、石油化学、鉄鋼、紙パルプ、食品、薬品、電力などの産業において、生産設備に使用されるポンプ、コンプレッサー、ブロワー、撹拌機に寄与。

バリュー株

三菱電機

| 東プ | 6503 |

株価は2024年5月中旬現在

日足

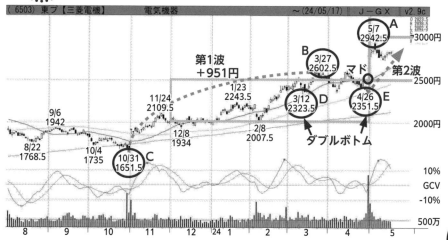

2000～2500円の長いボックス相場の壁2500円を
DEダブルボトム底入れから上にマドをあけて突破
2500～3000円のゾーンに突入
床（フロア）2500円　壁3000円
2500円に下値支持線　3000円に上値抵抗線
3000円の壁を突破して
3000～3500円のゾーンに入るか!?

電機メーカーの老舗、大改革で復活

　ユーザーから得られたデータをデジタル空間に集約、分析。グループ内が強くつながり、知恵を出し合うことでコンポーネント、システム、統合ソリューションを進化させ、その価値をユーザーに還元する「循環型デジタル・エンジニアリング企業」へ変革している。一連の品質不適切事案への反省を踏まえ、改革を着実に進めている。

バリュー株

三菱重工業

東プ | 7011

株価は 2024 年 5 月中旬現在

日足

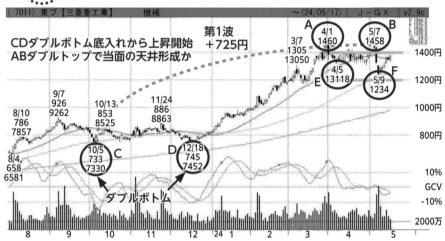

(7011) 東プ【三菱重工業】 機械 ～(24/05/17) J－GX v2.9c

CDダブルボトム底入れから上昇開始
ABダブルトップで当面の天井形成か

第1波
＋725円

A　4/1 1460　5/7 1458　B
3/7 1305　13050
4/5 13118　E　5/9 1234　F

9/7 926 9262
10/13 853 8525
11/24 886 8863

8/10 786 7857
8/4 658 6581
10/5 733 7330　C
12/18 745 7452　D

ダブルボトム

1400円
1200円
1000円
800円
10%
GCV
-10%
2000万

2024年5月7日にB1458円をつけてその後下落
1200～1400円のゾーンに落下
床（フロア）1200円　壁1400円
1200円に下値支持線
1400円に上値抵抗線

日の丸企業に甘んじることなくさらなる進化遂げる

　三菱重工グループとして数多くのＭ＆Åを行ない、経営構造を抜本から見直して財務体質を改善、事業基盤の強化に成功した。事業規模・資産・時価総額の比率が１：１：１となるバランスのとれた状態、トリプルワン・プロポーション（TOP）に向けて進化している。持続可能な高収益企業を目指し驀進中。

東プ ｜ 7012

川崎重工業

株価は2024年5月中旬現在

日足

（7012）東プ【川崎重工業】　造船　　　　　　　　　　　　　　〜（24/05/17）｜ J－GX ｜ v2.9c

5/10
5955
A'

A
3/27
5137

第1波
＋2351円

4/5
4571
D

第2波？

8/8
3942
9/7
4228

10/13
3715

11/24
3484

8/17
3453
10/4
3261
11/8
3056

12/14
2786.5
B

2/9
3270
C

6000円
5000円
4000円
3000円

10%
GCV
-10%
200万

8　　9　　10　　11　　12　24　1　　2　　3　　4　　5

2024年5月10日にA'5955円をつけて新高値更新
5000〜6000円のゾーンに突入
床（フロア）5000円　壁6000円
5000円に下値支持線　6000円に上値抵抗線
上昇第2波あるなら目標値6900円近辺

グローバル企業としても日本を代表するメーカー

　1896年の創立以来120年以上にわたり、陸・海・空の幅広い事業分野で、ものづくりを通じて高い技術・知見を培ってきた。最先端の技術をベースに、常に世界の人々の多様なニーズに応える製品・サービスを時代の変化に合わせて提供している。「世界の人々の豊かな生活と地球環境の未来に貢献する"Global Kawasaki"」が企業理念。

丸紅

日足

2200～2600円の長いボックスの壁2600円突破から上昇開始
2024年5月10日に大陽線出してA3079円をつけて新高値更新
2800～3000円のゾーンから3000～3200円のゾーンに突入

床（フロア）3000円　壁3200円
3000円に下値支持線

環境に配慮したビジネスモデルでトップランナーに

　中期経営戦略として既存事業の強化と新たなビジネスモデル創出、着実に収益の柱を育成・確立している。脱炭素、循環経済への移行、水資源・生物多様性の保全、人権の尊重、持続可能なサプライチェーンの構築など、サステナビリティへの取り組みは事業を行っていく上での前提。「グリーンのトップランナー」となることがグループ全体の目標。

バリュー株

住友商事

東プ｜8053

株価は2024年5月中旬現在

日足

PBR　1.3倍
配当利回　3.16%

BCダブルボトム底入れから上昇開始
3500〜4000円のボックスの壁
4000円を上にマドをあけて突破
2024年5月2日にA4433円をつけて新高値更新
3500〜4000円のゾーンから4000〜4500円のゾーンに突入
床（フロア）4000円　壁4500円
4000円に下値支持線
4500円の壁を突破して4500〜5000円のゾーンに入るか!?

ますます多角化する事業活動

　全世界に展開するグローバルネットワークが強み。さまざまな産業分野における顧客・パートナーとの信頼関係をベースに、多様な商品・サービスの販売、輸出入および三国間取引、国内外における事業投資など、総合力では日本はもちろん世界的な企業規模を誇る。ますます多角的な事業活動を展開、業績も比例して好調。

巻末付録

東京海上ホールディングス

日足

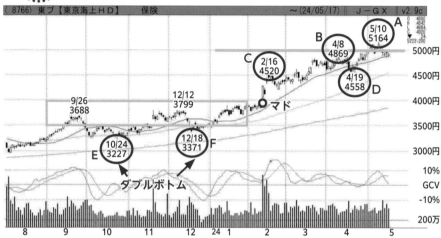

(8766) 東プ【東京海上HD】　保険　　　　　～ (24/05/17) ‖ J－GX ‖ v2.9c

A 5/10 5164

B 4/8 4869

C 2/16 4520

D 4/19 4558

9/26 3688

12/12 3799

マド

E 10/24 3227

F 12/18 3371

ダブルボトム

GCV

EFダブルボトム底入れから上昇開始
3500～4000円のボックスの壁
4000円突破から上昇加速
2024年5月10日にA5164円をつけて新高値更新
4500～5000円のゾーンから5000～5500円のゾーンに突入
床（フロア）5000円　壁5500円
5000円に下値支持線

グローバルに分散したポートフォリオ達成

　国内の損害保険事業・生命保険事業を通じて、安定した収益を持続的に創出。海外では市況に左右されない特定リスク向けのスペシャルティ保険の利益や、新興国での高い成長を取り込んでいる。足元の利益（事業別利益）構成比は国内外で約半々、グローバルに分散の効いたポートフォリオを実現している。

バリュー株

東プ ｜ 8801

三井不動産

株価は2024年5月中旬現在

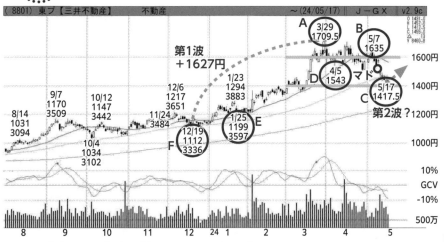

(8801) 東プ【三井不動産】　不動産　　　　～(24/05/17) ‖ J－GX ‖ v2.9c

ABダブルトップで押し目1400～1600円のゾーン
CDダブルボトム底入れとなるか!?
床(フロア)1400円　壁1600円
1400円に下値支持線
1600円に上値抵抗線
ABダブルトップか上昇第2波か

「産業デベロッパー」という「プラットフォーマー」

　三井不動産グループは、世界各エリアにおいてハードな建物を作り、街を創る「不動産デベロッパー」。街づくりを通じて、産業競争力の向上や新産業の創造に貢献、人々、社会に豊かな発展の場を提供する「産業デベロッパー」という「プラットフォーマー」を目指すと明言。仮想空間・宇宙・グリーンの新分野にも挑む。

住友不動産

日足

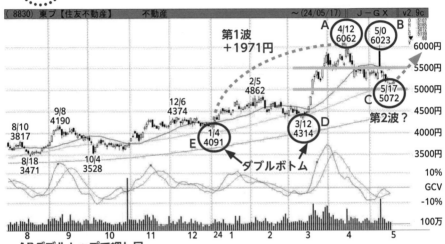

(8830) 東プ【住友不動産】　不動産　　　　　〜(24/05/17)　J-GX　v2.9c

第1波
+1971円

A
4/12
6062

5/0
6023
B

2/5
4862

5/17
5072
C

12/6
4374

第2波？

9/8
4190

3/12
4314
D

8/10
3817

1/4
4091
E

8/18
3471

10/4
3528

ダブルボトム

6000円
5500円
5000円
4500円
4000円
3500円

10%
GCV
-10%
100万

8　9　10　11　12　24　1　2　3　4　5

ABダブルトップで押し目
5000〜5500円のゾーン
2024年5月17日の安値C5072円で底入れとなるか!?
床(フロア)5000円　壁5500円
5000円に下値支持線
5500円に上値抵抗線
ABダブルトップで天井形成かあるいは上昇第2波か

都心の不動産賃貸事業が上げ潮成長

　400 年の歴史を持つ住友グループの中核、日本を代表する総合不動産会社。オフィスビル賃貸事業を中心に、分譲マンション、住宅リフォーム、注文住宅、不動産仲介などの事業が柱。賃貸マンション、ホテルの関連事業も好調。成長基盤は、東京都心のオフィスビルを中核とした不動産賃貸事業。再開発などで多くの旗艦ビルを創造してきた。

バリュー株

東プ｜9101

日本郵船

株価は2024年5月中旬現在

日足

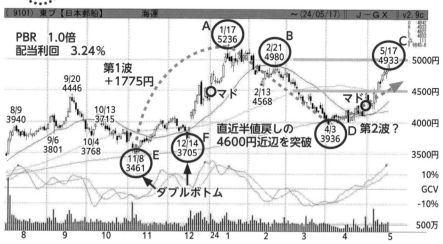

PBR　1.0倍
配当利回　3.24%

(9101) 東プ【日本郵船】　海運　　　　〜(24/05/17)　J−GX　v2.9c

A 1/17 5236
B 2/21 4980
C 5/17 4933

第1波 ＋1775円

マド

9/20 4446

8/9 3940
9/6 3801
10/4 3768
10/13 3715
10/4 3768

2/13 4568

直近半値戻しの 4600円近辺を突破

マド

4/3 3936 D 第2波？

12/14 3705 F

11/8 3461 E

ダブルボトム

5000円
4500円
4000円
3500円

10%
GCV
-10%
500万

ABダブルトップで天井形成して4000〜4500円のゾーンに落下
2024年4月3日の安値D3936円で底入れから上にマドをあけて反騰開始
4500〜5000円のゾーンに突入
床（フロア）4500円　壁5000円
4500円に下値支持線 5000円に上値抵抗線
5000円の壁を突破して5000〜5500円のゾーンに入るか!?

巻末付録

世界に冠たる我が国の海運大手

　我が国の貿易量の99％以上を担う「海運」を中心に、人々の暮らしや生活を支えている。1885年の創業以来、総合物流企業として活動の幅を広げている。2024年3月に発表した新しい中期経営計画では、脱炭素など地球規模の社会課題の解決にも挑戦。社会に貢献し、社会から必要とされ、持続的成長を続ける企業を目指している。

商船三井

東プ | 9104

株価は 2024 年 5 月中旬現在

日足

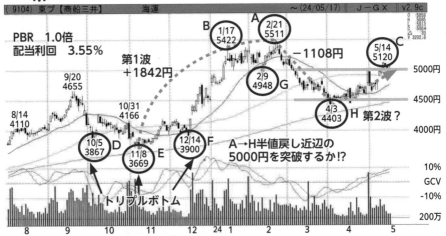

(9104) 東プ【商船三井】 海運　　　　～ (24/05/17)　J－G X　v2.9c

PBR　1.0倍
配当利回　3.55％

第1波
＋1842円

B 1/17 5422
A 2/21 5511

9/20 4655

8/14 4110

10/31 4166

2/9 4948 G

－1108円

5/14 5120 C

5000円

4500円

4/3 4403 H 第2波？

4000円

10/5 3867 D

11/8 3669 E

12/14 3900 F

A→H半値戻し近辺の
5000円を突破するか!?

10%
GCV
-10%
200万

トリプルボトム

8　　9　　10　　11　　12　24　1　　2　　3　　4　　5

DEFトリプルボトム底入れから上昇開始
2024年2月21日にA5511円をつけて新高値更新
ABダブルトップで下落
4500～5000円のゾーン
床(フロア)4500円　壁5000円
4500円に下値支持線　5000円に上値抵抗線
5000円の壁を突破して5000～5500円のゾーンに入るか!?

海運需要増で財務体質が劇的に改善

　船腹過剰によって引き起こされた 2010 年以降の海運市況長期低迷に対処するため、また将来の安定的な収益確保を目的としたエネルギー事業への多額の投資によって、財務体質が大きく傷んだが、改善。コロナ禍後のコンテナ船を中心とした海運セクターの市況が活況を呈したことで大きな利益を計上。財務体質が劇的に改善した。

バリュー株

川崎汽船

東プ ｜ 9107

株価は2024年5月中旬現在

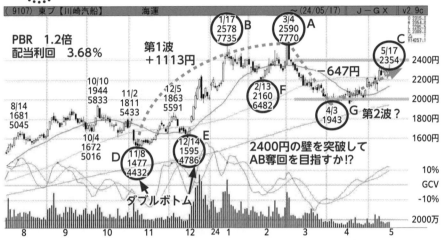

(9107) 東プ【川崎汽船】　　海運　　　　　　～(24/05/17) J-GX v2.9c

PBR　1.2倍
配当利回　3.68%

第1波
+1113円

-647円

8/14
1681
5045

10/10
1944
5833

10/4
1672
5016

11/2
1811
5433

D 11/8
1477
4432

12/5
1863
5591

E 12/14
1595
4786

B 1/17
2578
7735

A 3/4
2590
7770

F 2/13
2160
6482

G 4/3
1943

C 5/17
2354

第2波？

2400円の壁を突破して
AB奪回を目指すか!?

ダブルボトム

2400円
2200円
2000円
1800円
1600円

10%
GCV
-10%

2000万

8　　9　　10　　11　　12　　24　1　　2　　3　　4　　5

DEダブルボトム底入れから上昇開始
2024年3月4日にA2590円をつけて新高値更新
ABダブルトップで天井形成
その後2000～2400円のゾーンに落下
床（フロア）2000円　壁2400円
2024年4月3日の安値G1943円で底入れから反騰開始
2000円に下値支持線　2400円に上値抵抗線
2400円の壁を突破して2400～2600円のゾーンに入るか!?

前倒しで2年先の経常利益目標を達成

　コンテナ船事業を中心に市況が継続したことで、当期純利益は2年連続で過去最高益を更新。引き続き海運業を主軸として、自営事業においては鉄鋼原料事業、自動車船事業、LNG輸送船事業を中心に経営資源を集中させる、収益力を高めている。2026年度の収支目標1400億円の経常利益をコンテナ船と自営事業で前倒しで達成。

巻末付録

北海道電力

東プ | 9509

株価は 2024 年 5 月中旬現在

日足

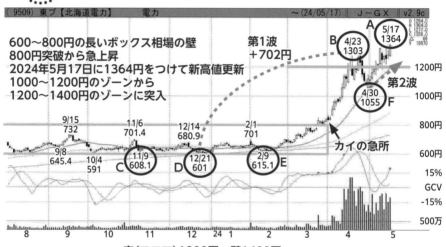

(9509) 東プ【北海道電力】　電力　　　　　　　　　　　　　　　　〜(24/05/17)　J－GX　v2.9c

600〜800円の長いボックス相場の壁
800円突破から急上昇
2024年5月17日に1364円をつけて新高値更新
1000〜1200円のゾーンから
1200〜1400円のゾーンに突入

第1波
＋702円

A
5/17
1364

B
4/23
1303

第2波

4/30
1055
F

カイの急所

9/15
732

11/6
701.4

12/14
680.9

2/1
701

9/8
645.4

10/4
591

11/9
608.1
C

12/21
601
D

2/9
615.1
E

1200円

1000円

800円

600円

15%
GCV
-15%

500万

8　　9　　10　　11　　12　　24　　1　　2　　3　　4　　5

床(フロア)1200円　壁1400円
1200円に下値支持線
波動から見る上昇第2波の目標値1800円近辺

北海道の生命線、多種多様なエネルギー供給に貢献

　電気やガスなど、あらゆるエネルギーを北海道に届け、再生可能エネルギーや省エネルギー、環境などの分野でも事業展開。ほくでんグループは電気事業に加え、「省エネ促進」「自然エネルギー・環境」「土木建築」「資機材」「ビジネスサポート」などの分野においても、それぞれの専門性を生かして地場産業のビジネスの手助けをしている。

バリュー株

北海道ガス

東プ｜9534

株価は2024年5月中旬現在

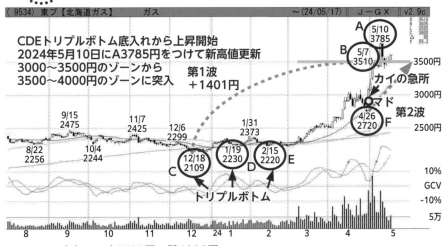

CDEトリプルボトム底入れから上昇開始
2024年5月10日にA3785円をつけて新高値更新
3000〜3500円のゾーンから
3500〜4000円のゾーンに突入

第1波
＋1401円

床（フロア）3500円　壁4000円
3500円に下値支持線
波動から見る上昇第2波の目標値4000〜4100円近辺

省エネ、脱炭素化への訴求が注目される

　北ガスグループは、総合エネルギーサービス事業の推進による効果的な省エネを訴求。2030年以降の早期にCO_2ピークアウトを目指し、脱炭素化への備えを進めるなど、総合エネルギーサービス事業を展開。災害に強い街づくりに向けた取り組みも推進し、地域とともに成長する企業グループを目指している。

グロース株

SHIFT

東プ | 3697

株価は 2024 年 5 月中旬現在

日足

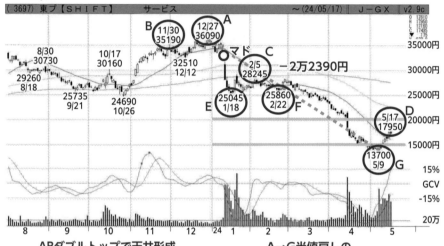

ABダブルトップで天井形成
その後下にマドをあけて急落
1万〜1万5000円のゾーンに落下
2024年5月9日の安値G1万3700円で
当面の底入れから反騰開始か
1万5000〜2万円のゾーンに突入
床(フロア)1万5000円　壁2万円
1万5000円に下値支持線　2万円に上値抵抗線

A→G半値戻しの
2万5000円近辺が当面の壁

ソフトウエアをテストする業務の先駆的企業

　業務改善コンサルティング業からソフトウエアテスト業にビジネスの軸足を置きかえて以来、ソフトウエアにおける品質保証のプロ集団として邁進。「ソフトウエアテスト（正しく動作するための確認作業」にとどまらず、ソフトウエアの品質保証、ソフトウエア製品・サービスで顧客に不可欠な存在を目指している。

150

グロース株

東プ｜3778

さくらインターネット

株価は2024年5月中旬現在

日足

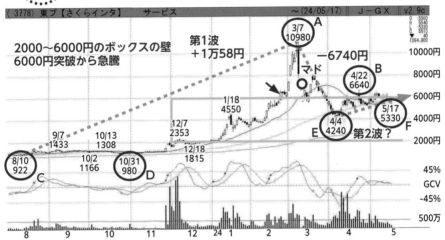

（3778）東プ【さくらインタ】　サービス　　　　　〜（24/05/17）｜ J-GX ｜ v2.9c

2000〜6000円のボックスの壁
6000円突破から急騰

第1波
＋1万58円

3/7 A
10980

−6740円

マド
O

4/22 B
6640

1/18
4550

5/17 F
5330

12/7
2353

4/4 E
4240

第2波？

9/7
1433

10/13
1308

12/18
1815

8/10
922 C

10/2
1166

10/31
980 D

45%

GCV

-45%

500万

2024年3月7日に1万980円をつけて新高値更新（天井）
その後下にマドをあけて急落
2000〜6000円のゾーンに逆戻り
4月4日の安値E4240円で底入れから反騰開始か!?
A→E半値戻しの7600円近辺が
当面の壁

巻末付録

企業風土はインターネットそのもの

　この企業が目指すのは、社会に豊かさ、ゆとりをもたらすデジタルインフラ。企業風土もインターネットそのもの。「さまざまなバックグラウンドを持つ人がフラットに集まり、社員の半数以上はエンジニア。ルールは少なく、役員会議の議事録はオープンにして、年功序列といった上下関係もない」という企業文化が自慢。

Ubicom ホールディングス

ユビコム

東プ | 3937

日足

ABCトリプルトップで天井形成して
下にマドをあけて大幅下落
1000～1200円のゾーンに落下
2024年5月1日の安値G1120円で
底入れから反騰開始か!?
床(フロア)1200円　壁1400円
1200円に下値支持線
1400円に上値抵抗線

最先端技術活用のソリューションサービス開発

　2012 年にグループ化したメディカル事業は、医療機関の経営支援に特化した SaaS/ パッケージソフトメーカーとして、盤石な高収益ビジネスモデルを完成させた。医療、金融、公共、自動車製造におけるデジタルトランスフォーメーションの支援、最先端技術を活用したソリューションサービスの開発と提供に取り組む。

グロース株

パークシャ テクノロジー

PKSHA Technology

東ス ｜ 3993

株価は 2024 年 5 月中旬現在

日足

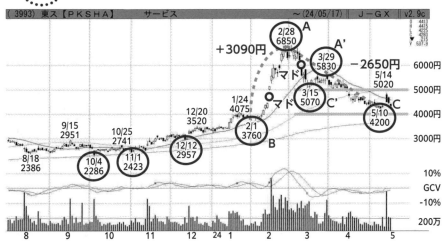

2024年2月28日にA6850円をつけて新高値更新
その後下にマドをあけて急落
4000～5000円のゾーンに落下
床(フロア)4000円　壁5000円
4000円に下値支持線　5000円に上値抵抗線
A→C半値戻しの5600～5700円近辺が当面の壁

革新的ソフトウエア開発で定評

　アルゴリズムライセンス事業を展開。主に自然言語処理、機械学習・深層学習技術に関わるアルゴリズムを研究開発、プロダクト。未来のソフトウエアの開発を行ない、先駆けてサービス化。研究と実装の循環を回し、「人とソフトウエアの共進化」を目指している。

ヘッドウォータース

日足

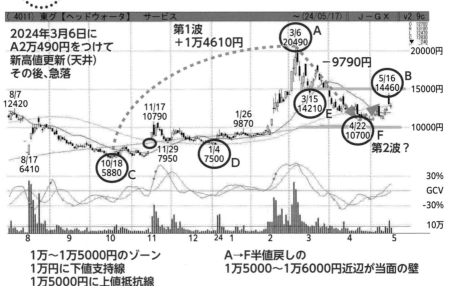

```
( 4011) 東グ【ヘッドウォータ】 サービス          ～(24/05/17)  J－GX  v2.9c
```

2024年3月6日に
A2万490円をつけて
新高値更新(天井)
その後、急落

第1波
＋1万4610円

3/6
20490 A

－9790円

8/7
12420

5/16
14460 B

15000円

20000円

11/17
10790

3/15
14210
E

1/26
9870

4/22
10700 F

8/17
6410

10/18
5880 C

11/29
7950

1/4
7500 D

第2波？

10000円

30%
GCV
-30%

10万

```
  8       9      10     11     12   24 1     2       3      4      5
```

1万～1万5000円のゾーン
1万円に下値支持線
1万5000円に上値抵抗線

A→F半値戻しの
1万5000～1万6000円近辺が当面の壁

AI の企業普及に多大なる貢献

　社名は日本語で「源流」の意味。AI市場の黎明期より、AIの導入をワンストップで支援する「AIソリューション事業」に取り組んできた。AIをどの業務に、どのように活用すればよいか提案し、複雑なAIの導入プロセスや、多くの技術課題をワンストップで解決。AIの普及を推進してきた先駆的企業。

グロース株

ソースネクスト

東プ ｜ 4344

株価は 2024 年 5 月中旬現在

日足

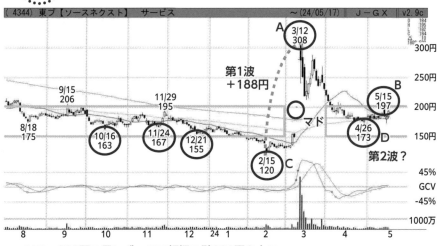

- 150〜200円の長いボックス相場の壁200円を上に
  マドをあけて突破
- 2024年3月12日にA308円をつけて新高値更新　その後急落
- 150〜200円のゾーンに落下
- 4月26日の安値D173円で底入れから反騰開始か!?
- 床（フロア）150円　壁200円
- 150円に下値支持線　200円に上値抵抗線

多言語の通訳機器で圧倒的シェアを達成

　主力製品の AI 通訳機ポケトークは、海外市場、特に米国で非ネイティブに向けた多言語対応需要により教育機関、医療機関、公共機関、その他企業で導入。米国の売上高は前期比 18.3％増となった。文字起こし AI ボイスレコーダー（オートメモ）も累計アカウント登録数が 2023 年 9 月末で 10 万を突破した。

巻末付録

ACCESS
アクセス

日足

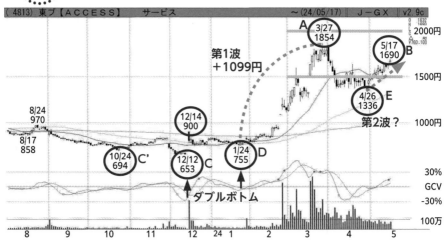

CDダブルボトム底入れから上昇開始
2024年3月27日にA1854円をつけて新高値更新
その後押し目　1500〜2000円のゾーン
床(フロア)1500円　壁2000円
1500円に下値支持線
2000円に上値抵抗線

ABダブルトップか
上昇第2波か
第2波あるなら
目標値2400円近辺

IoT の時代を牽引する頼もしいリーダー企業

「すべてのモノをネットにつなぐ」が企業ビジョン。インターネットの普及とともに「ネットにつなぐ技術」を進化させ続けてきた。IT 革命元年の 1999 年、世界で初めて「携帯電話をネットにつなぐ技術」の実用化に成功。企業躍進の起爆剤となる。さまざまなイノベーションを実現させ、本格的な IoT の時代を牽引する頼もしいリーダー企業。

グロース株

アレント
Arent

東グ ｜ 5254

株価は 2024 年 5 月中旬現在

日足

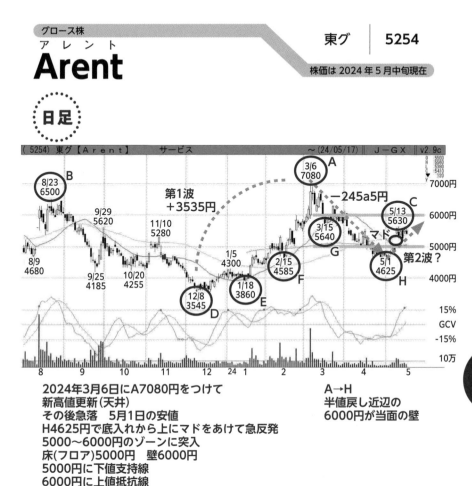

(5254) 東グ【Ａｒｅｎｔ】　　サービス　　　　　　～(24/05/17)　J－GX　v2.9c

第1波
＋3535円

－245a5円

8/23
6500

B

A

3/6
7080

7000円

C

5/13
5630

6000円

9/29
5620

11/10
5280

3/15
5640

マド

8/9
4680

1/5
4300

2/15
4585

G

5000円

5/1
4625

第2波？

9/25
4185

10/20
4255

1/18
3860

F

4000円

H

12/8
3545

D

E

15%

GCV

-15%

10万

8　　　9　　　10　　　11　　　12　24　1　　　2　　　3　　　4　　　5

2024年3月6日にA7080円をつけて
新高値更新（天井）
その後急落　5月1日の安値
H4625円で底入れから上にマドをあけて急反発
5000～6000円のゾーンに突入
床(フロア)5000円　壁6000円
5000円に下値支持線
6000円に上値抵抗線
上昇第2波あるなら目標値8100～8200円近辺

A→H
半値戻し近辺の
6000円が当面の壁

巻末付録

旧態依然の建設業界にデジタルの新風吹き込む

　日本では自動車産業に次いで２番目に大きい建設市場で、業界課題を解決するデジタルシステムを自社及び共創で開発。既存システムからのリプレイスを狙う。現在は建設業界のDXに注力し、設計、施工、維持管理などの領域で、新しいテクノロジーを導入、多くのクライアントとデジタル事業の立ち上げを行なっている。

ソシオネクスト

日足

(6526) 東プ【ソシオネクスト】 電気機器 ～(24/05/17) J－GX v2.9c

2024年4月12日にA5250円をつけて新高値更新
その後急落

第1波
＋3061円

4/12 5250 A
2/16 4381 B
10/18 3260 16300
11/20 2991 14955
8/18 3136 15680
10/4 2696 13480
11/10 2677 13385
12/18 2189 10945 C
3/14 3501 D
4/23 3864 E
ダブルボトム
第2波 ?

5000円
4000円
3000円

10%
GCV
-10%
1000万

4000～5000円のゾーン
4月23日の直近の安値E3864円に下値支持線
5000円に上値抵抗線
上昇第2波あるか!?
第2波あるなら目標値6900円近辺

イノベーションをリードするソリューションカンパニー

　機能、性能の高度化が進むオートモーティブ、データセンター、ネットワーク（5G）、スマートデバイスの分野で、豊富な経験を持つエンジニアが顧客と共通のコンセプトに基づき、システムの設計、開発を行なっている。要求されるスケーラビリティ（拡張性）に応じてアプリケーションに最適な機能、性能要件を満たすSoC を実現。

グロース株

レーザーテック

東プ｜6920

株価は2024年5月中旬現在

日足

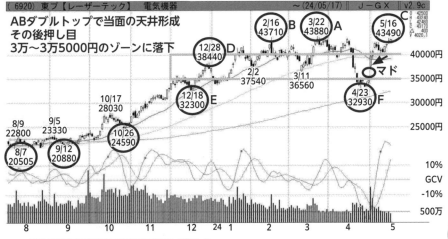

(6920) 東プ【レーザーテック】　電気機器　　　　～(24/05/17)‖ J-GX ‖v2.9c

ABダブルトップで当面の天井形成
その後押し目
3万～3万5000円のゾーンに落下

4月23日の安値F3万2930円で底入れ
3万～3万5000円のボックスの壁3万5000円を
上にマドをあけて突破から急反発
4万～4万5000円のゾーンに突入
2024年5月16日にC4万3490円をつけてAB奪回をめざすか!?
床(フロア)4万円　壁4万5000円

オンリーワンの「マルチニッチトップ」企業

　現在は半導体向けの検査装置が主力事業。顕微鏡ビジネスを通じて培った大学などの教育機関、さまざまな産業の研究開発部門との関係を活かし、二次電池の高性能化に資する電気化学反応の可視化装置などのビジネスを生み出してきた。オンリーワン製品・ソリューションをグローバルに提供する「マルチニッチトップ」企業。

巻末付録

波動で読む主要経済指標

...

日経平均株価
NY ダウ
ナスダック
米国債 10 年利回り
上海総合指数
円ドル相場
WTI 原油先物
NY 金先物
ビットコイン

...

ここでは、日経平均、NY ダウ、ナスダックなど主要な経済指標を分析していきましょう。チャートの見方は、個別株と同様です。

とくに、直近で 1000 万円を突破したビットコインについては、短期、中期、長期という視点でチャート分析しています。参考にしてください。

日経平均株価①（短・中期トレンド）

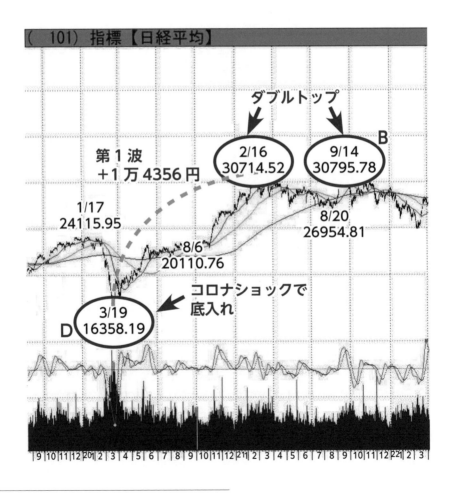

（ 101）指標【日経平均】

ダブルトップ

第1波
＋1万4356円

1/17
24115.95

2/16
30714.52

9/14
30795.78

B

8/20
26954.81

8/6
20110.76

コロナショックで
底入れ

3/19
16358.19

D

| 9|10|11|12|20|2|3|4|5|6|7|8|9|10|11|12|21|2|3|4|5|6|7|8|9|10|11|12|22|2|3|

日足

2024年3月22日にA'4万1087円をつけて新高値更新
3万〜3万5000円のゾーンから
3万5000〜4万円のゾーンに突入
床（フロア）3万5000円　壁4万円
4万円の⒜上値抵抗線を突破して
4万〜4万5000円のゾーンに入るか

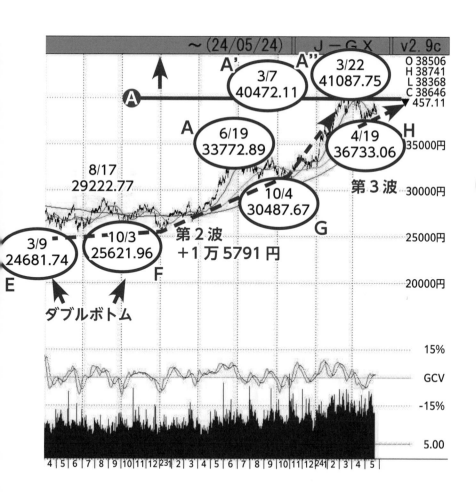

日経平均株価② （中・長期トレンド）

中長期波動の目標値
3万5000円〜4万円のゾーンから
4万〜4万5000円のゾーンへ

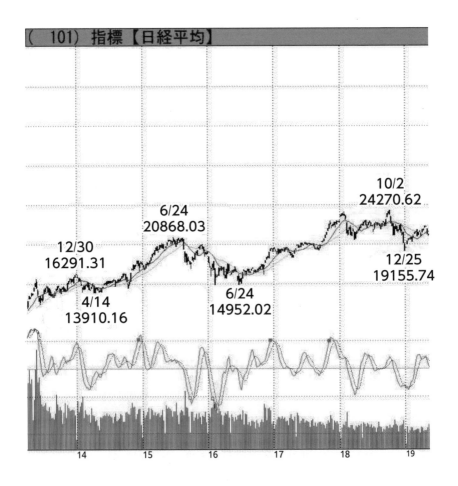

(101) 指標【日経平均】

10/2
24270.62

6/24
20868.03

12/30
16291.31

12/25
19155.74

4/14
13910.16

6/24
14952.02

14　　15　　16　　17　　18　　19

週足

第2波
＋1万6171円

A　3/22
40888.43

O 39070
H 39103
L 38617
C 38646
41.27
V 64.9

B
9/14
30670.10

第1波
＋1万4118円

4/219
37068.38

35000円

E

1/20
24083.51

第3波

30000円

3/9
24717.53　D

25000円

20000円

3/19
16552.83

C

15000円

10%

GCV

-10%

5.00

巻末付録

165

ＮＹダウ平均株価①（短・中期トレンド）

第2波目標値近辺のA'3万9889ドルをつけて押し目
直近安値の3万7611ドルに下値支持線

A
1/5
36952.65

B
4/21
35492.22

8/16
34281.36

12/13
34712.28

2/24
32272.64

第1波
+7019ドル

6/17
29653.29

10/13
28660.94 E

TradingView

2022   3月   5月   7月   9月   11月   2023   3月

1日 5日 1ヶ月 3ヶ月 6ヶ月 年初来 1年 5年 すべて

日足

ＮＹダウ平均株価② （中・長期トレンド）

AB ダブルトップか上昇第 2 波か
D → B3 分の 1 押し近辺の
3 万 6000 ドルに下値支持線
上昇第 2 波あるなら
目標値 4 万 7000 ドル近辺

10/3
26828.39

10/16
16117.24   8/24
15370.33

TradingView
2013   2014   2015   2016   2017   2018
1日 5日 1ヶ月 3ヶ月 6ヶ月 年初来 1年 5年 すべて

週足

第1波
＋1万8739ドル

B
3/21
39889.05

A
1/5
36952.65

C
2/12
29551.42

第2波
＋1万1229ドル

10/13
28660.94
D

12/24
21792.20

3/23
18213.65
E

42,000.00
40,000.00
39,065.27
19:55:09
40,000.00
36,000.00
34,000.00
32,000.00
30,000.00
28,000.00
26,000.00
24,000.00
22,000.00
20,000.00
18,000.00
16,000.00
14,000.00
12,000.00
10,000.00

2020　　2020　　2021　　2022　　2023　　2024　15

09:04:50 (UTC+9)

巻末付録

ナスダック①（短・中期トレンド）

A→F 半値戻し近辺の C1 万 3181 ポイントを突破して上昇
2021 年 11 月 22 日の高値（天井）A1 万 6212 ポイントを上抜いて
2024 年 5 月 22 日に B1 万 6855 ポイントをつけて新高値更新
AB ダブルトップかあるいは続伸するか

日足

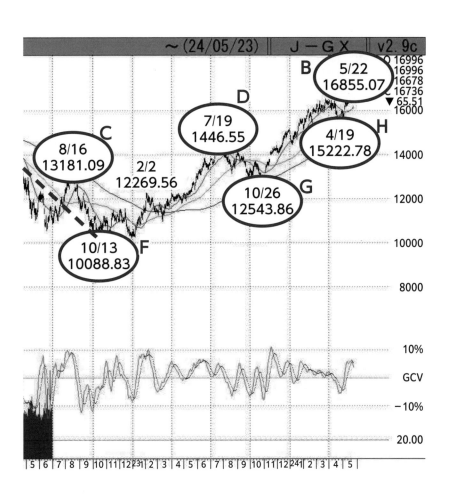

~ (24/05/23)　　J－GX　　v2.9c

B　5/22　16855.07

D　7/19　1446.55

C　8/16　13181.09

2/2　12269.56

H　4/19　15222.78

G　10/26　12543.86

F　10/13　10088.83

16996
16996
16678
16736
▼65.51
16000
14000
12000
10000
8000

10%
GCV
-10%
20.00

5 6 7 8 9 10 11 12 23 1 2 3 4 5 6 7 8 9 10 11 12 24 1 2 3 4 5

巻末付録

ナスダック②（中・長期トレンド）

AB ダブルトップか上昇第 2 波か
第 2 波目標値 1 万 9000 ポイント近辺

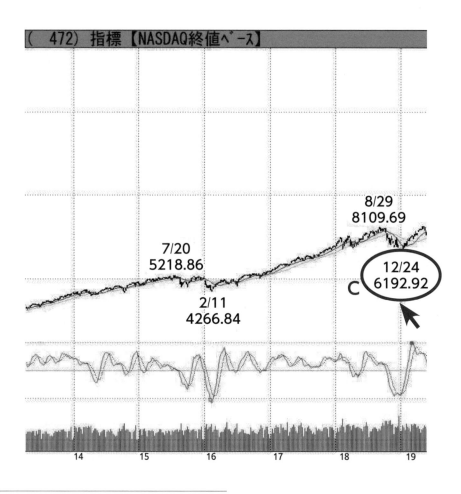

(472) 指標【NASDAQ終値ベース】

週足

1万～1万5000ポイントのゾーンから
1万5000～2万ポイントのゾーンに突入
床（フロア）1万5000ポイント　壁2万ポイント
1万5000ポイントに下値支持線

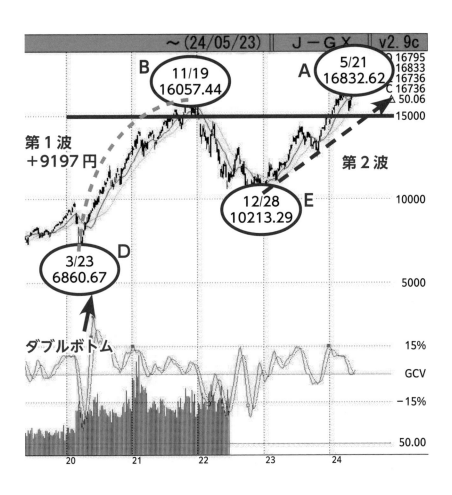

巻末付録

173

米国債10年利回り①（短期トレンド）

3〜4％のゾーンから
4〜5％のゾーンへ
2023年の10月19日にC4.98％まで上昇して新高値更新
F→C 半値押しのE3.79％をつけて
その後反転上昇の動き

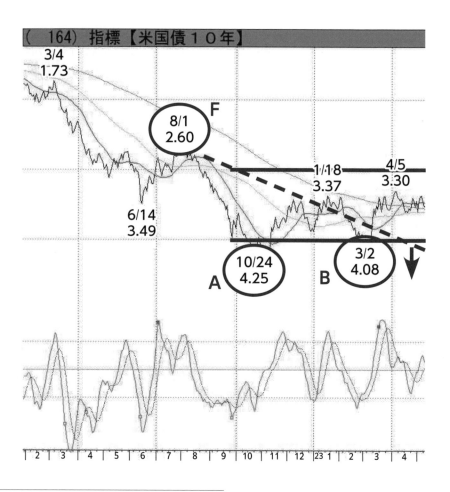

（ 164）指標【米国債10年】

3/4
1.73

F

8/1
2.60

1/18
3.37

4/5
3.30

6/14
3.49

10/24
4.25

A

B

3/2
4.08

日足

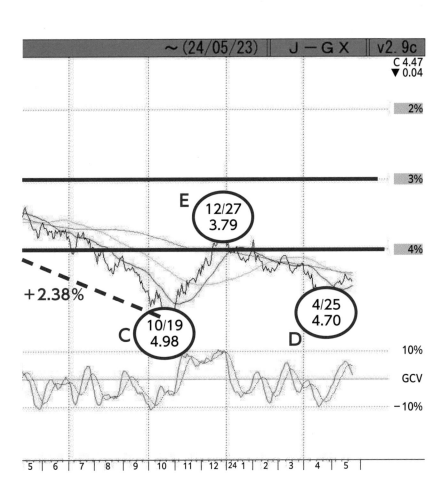

~ (24/05/23) 　J－GX　v2.9c
C 4.47
▼ 0.04

2%

3%

E 12/27 3.79

4%

+2.38%

4/25 4.70

C 10/19 4.98

D

10%

GCV

−10%

5　6　7　8　9　10　11　12　24　1　2　3　4　5

巻末付録

米国債10年利回り②（長期トレンド）

2023年10月19日のD4.98％突破するなら
価格の波動から見る
第2波中長期目標値は6.6％近辺

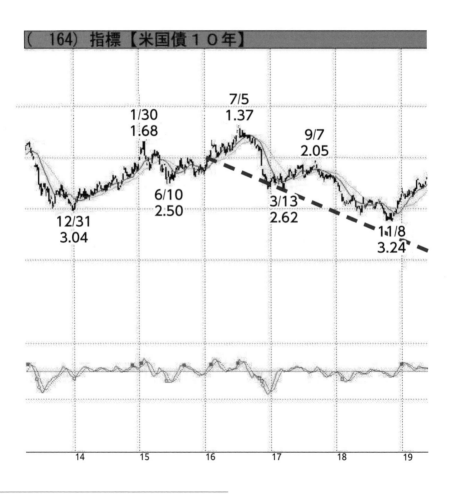

（　164）指標【米国債１０年】

7/5
1.37

1/30
1.68

9/7
2.05

6/10
2.50

12/31
3.04

3/13
2.62

11/8
3.24

14　　　15　　　16　　　17　　　18　　　19

週足

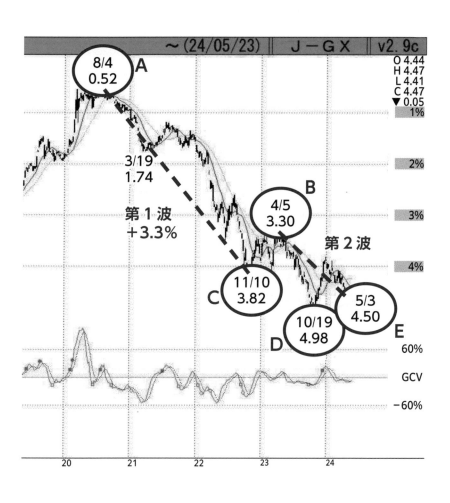

~ (24/05/23) ‖ J − G X ‖ v2.9c

O 4.44
H 4.47
L 4.41
C 4.47
▼ 0.05

8/4
0.52　A

3/19
1.74

第 1 波
＋3.3%

B
4/5
3.30

第 2 波

11/10
3.82　C

5/3
4.50
E

10/19
4.98
D

1%
2%
3%
4%

60%
GCV
−60%

20　21　22　23　24

巻末付録

上海総合指数① (短・中期トレンド)

EF ダブルボトムを下回って
2024 年 2 月 5 日に H2702 ポイントをつけて新安値更新
その後反転上昇して 2024 年 5 月 20 日に
D3171 ポイントつけて、戻り高値
3000 ～ 3200 ポイントのゾーン
3000 ポイントに下値支持線　3200 ポイントに上値抵抗線

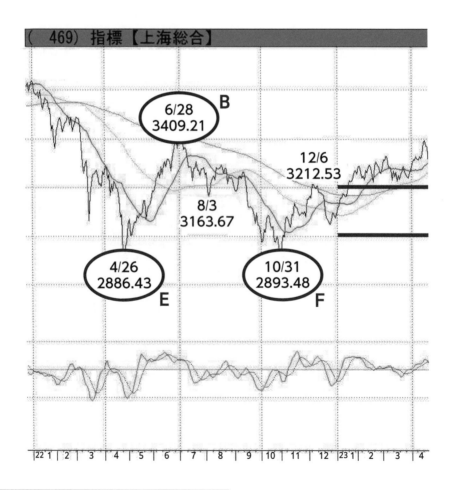

（　469）指標【上海総合】

6/28
3409.21
B

12/6
3212.53

8/3
3163.67

4/26
2886.43
E

10/31
2893.48
F

日足

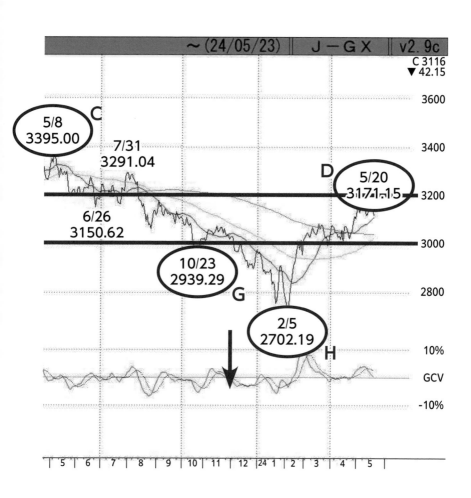

巻末付録

上海総合指数②（中・長期トレンド）

2015年6月12日にA5166ポイントをつけて新高値（天井）
その後大幅下落
DEダブルボトム底入れとなるか
2000〜4000ポイントのゾーンでボックス相場の展開

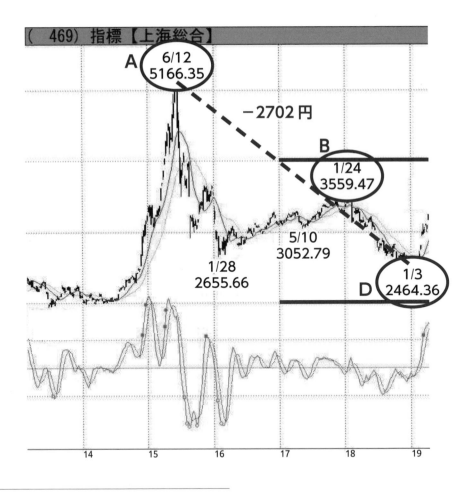

週足

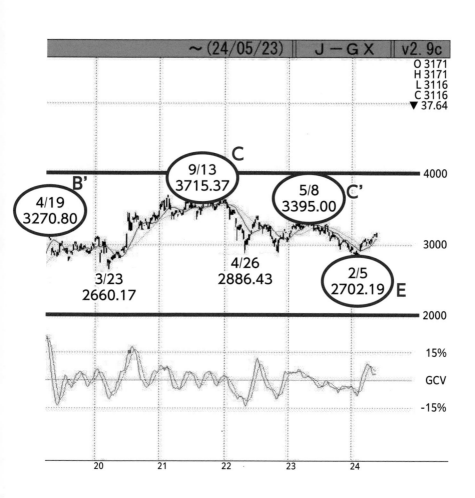

~ (24/05/23) ∥ J－GX ∥ v2.9c

O 3171
H 3171
L 3116
C 3116
▼ 37.64

C
9/13
3715.37

B'
4/19
3270.80

5/8
3395.00　C'

4/26
2886.43

3/23
2660.17

2/5
2702.19　E

4000

3000

2000

15%

GCV

-15%

20　21　22　23　24

巻末付録

円・ドル相場①（短・中期トレンド）

2023年1月16日のA127円22銭を出発点に円安上昇第1波
7月14日の押し目B137円27銭から上昇第2波がスタート
A→E（+24円58銭）半値押し139円50銭近辺が押し目限界
140円に下値支持線
CF円安第3波の半値押しは149円35銭近辺
150円に下値支持線
円安第3波目標値155～158円近辺

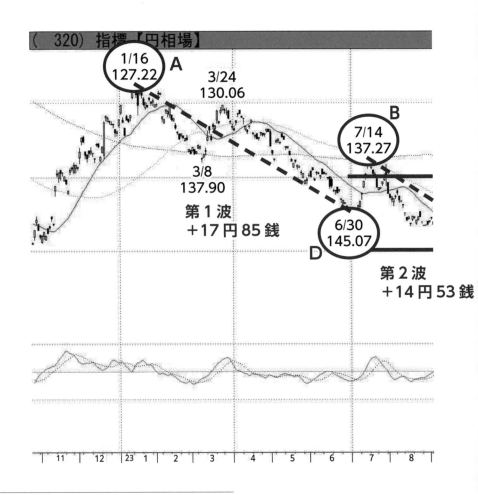

日足

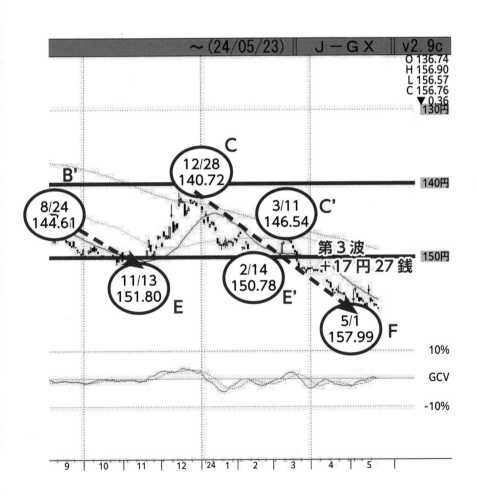

~(24/05/23)　Ｊ－ＧＸ　v2.9c

O 136.74
H 156.90
L 156.57
C 156.76
▼ 0.36

130円

B'

C
12/28
140.72

140円

8/24
144.61

3/11
146.54　C'

第3波
＋17円27銭

150円

11/13
151.80
E

2/14
150.78
E'

5/1
157.99　F

10%

GCV

-10%

9　10　11　12　'24　1　2　3　4　5

巻末付録

円・ドル相場②（中・長期トレンド）

120 ～ 140 円のゾーンから
140 ～ 160 円のゾーンに突入
価格の波動から見る円安第 2 波の
中長期目標値 176 円近辺

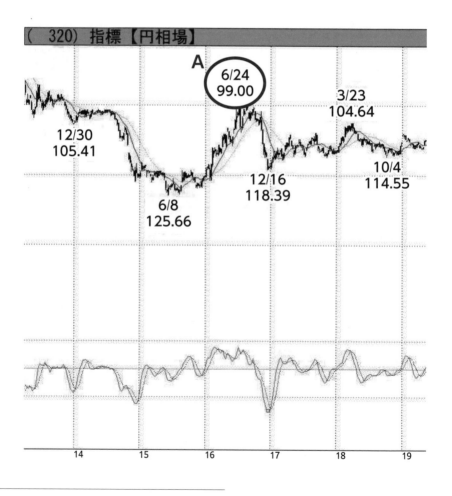

週足

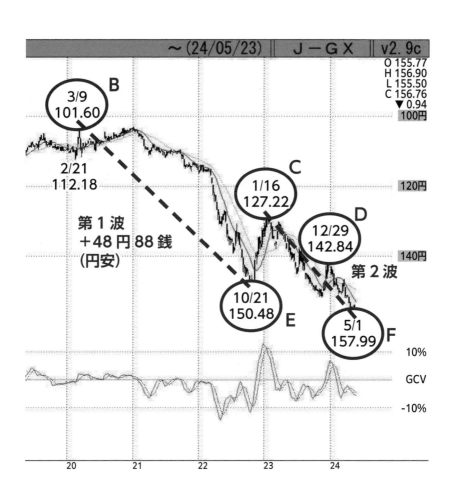

~ (24/05/23)　J－GX　v2.9c

O 155.77
H 156.90
L 155.50
C 156.76
▼ 0.94
100円

B

3/9
101.60

2/21
112.18

第1波
＋48円88銭
（円安）

C
1/16
127.22

D
12/29
142.84

第2波

120円

140円

10/21
150.48

E

5/1
157.99

F

10%

GCV

-10%

20　　21　　22　　23　　24

WTI原油先物（短・中期トレンド）

AB ダブルトップで天井形成
EF ダブルボトム底入れから上昇開始
80 ～ 100 ドルのゾーンへ

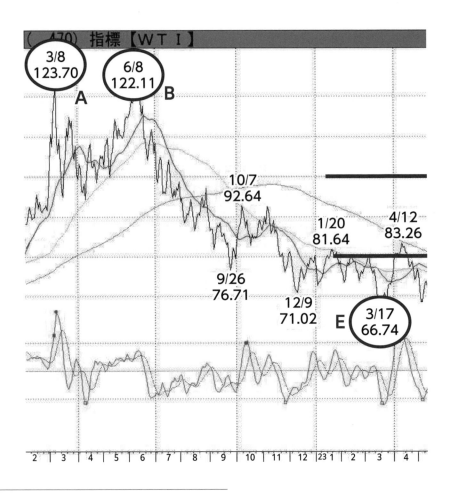

（ 470）指標【ＷＴＩ】

3/8
123.70

6/8
122.11

A   B

10/7
92.64

1/20
81.64

4/12
83.26

9/26
76.71

12/9
71.02

E   3/17
66.74

2 3 4 5 6 7 8 9 10 11 12 23 1 2 3 4

186

日足

80 ドルに下値支持線
100 ドルに上値抵抗線　上か下か

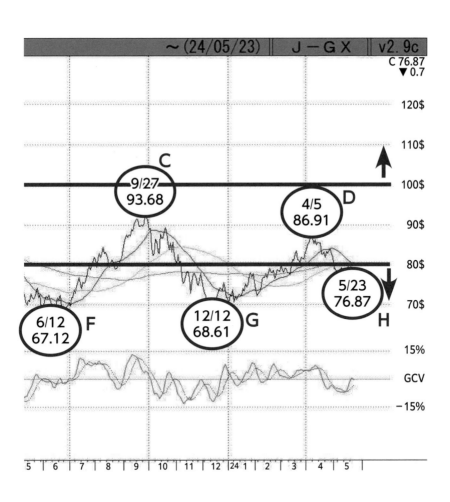

NY金先物（短・中期トレンド）

1800～2000ドルの長いボックス相場の壁
2000ドルを突破して急伸
第2波目標値2500ドル近辺に接近

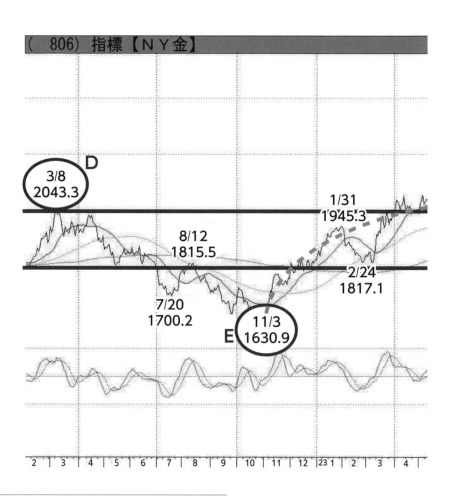

（ 806）指標【ＮＹ金】

D
3/8
2043.3

1/31
1945.3

8/12
1815.5

2/24
1817.1

7/20
1700.2

11/3
1630.9
E

2　3　4　5　6　7　8　9　10　11　12　23 1　2　3　4

日足

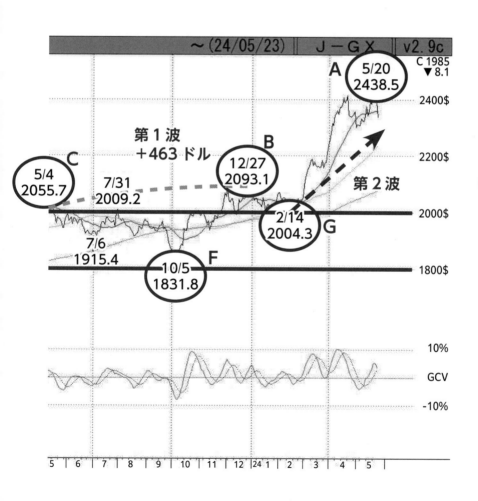

~ (24/05/23) 　J ― G X 　 v2.9c

C 1985
▼ 8.1

A 5/20 2438.5

2400$

第1波 +463ドル

B 12/27 2093.1

2200$

C 5/4 2055.7

第2波

7/31 2009.2

G 2/14 2004.3

2000$

7/6 1915.4

F 10/5 1831.8

1800$

10%

GCV

-10%

5　6　7　8　9　10　11　12　24　1　2　3　4　5

ビットコイン①（短期トレンド）

2024 年 4 月 8 日に B1099 万円近辺をつけてその後押し目
5 月 1 日に F882 万円近辺で当面の底入れして反騰開始
2024 年 5 月 21 日に A1120 万円をつけて新高値更新
第 2 波目標値 1440 万円近辺

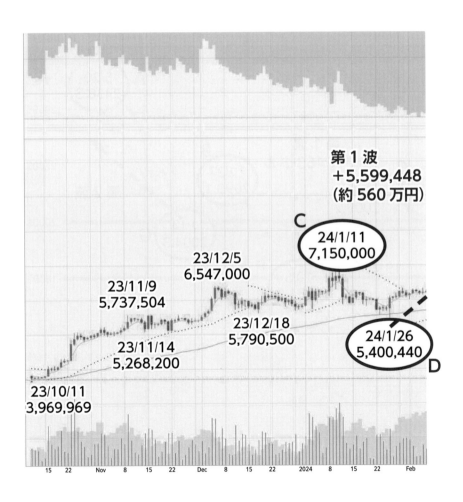

現物・日足

5月24日 10:00 時点
現在値：1066万2277円

ビットコイン②（短・中期トレンド）

2024 年 4 月 8 日の高値
B1099 万円近辺を突破して
5 月 21 日に A1120 万円をつけて
新高値更新
上昇第 2 波スタートか

22/3/28
5,955,555

22/6/7
4,183,500

ダブルボトム

22/6/18
2,376,000　C

22/12/30
2,156,000　D

2022　　3月　　5月　　7月　　9月　　11月　　2023　　3月

現物・2年日足

5月24日10:00時点
現在値：1066万2277円

A 24/5/21
11,200,000

B 24/4/8
10,999,888

10676893

第1波
＋884万円

24/5/1
8,821,762
E

第2波

24/1/11
7,150,000

23/12/5
6,547,000

23/7/3
4,543,071

24/1/26
5,400,440

23/4/14
4,116,198

23/12/18
5,790,500

23/9/11
3,658,001

巻末付録

193

ビットコイン③（中・長期トレンド）

FG ダブルボトム底入れから上昇開始
2024年4月8日の高値1099万円を突破して
2024年5月21日にA1120万円をつけて新高値更新
前人未踏の上昇相場へ
相場の波動から見る、上昇第3波目標値1800万円近辺

現物・週足

5月24日 10:00 時点
現在値：1066万 2277円

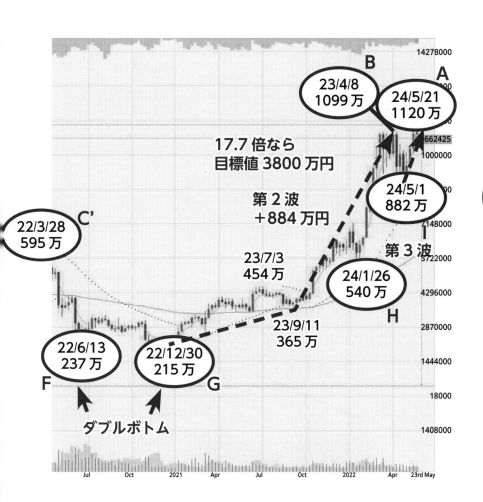

ビットコイン④（長期トレンド）

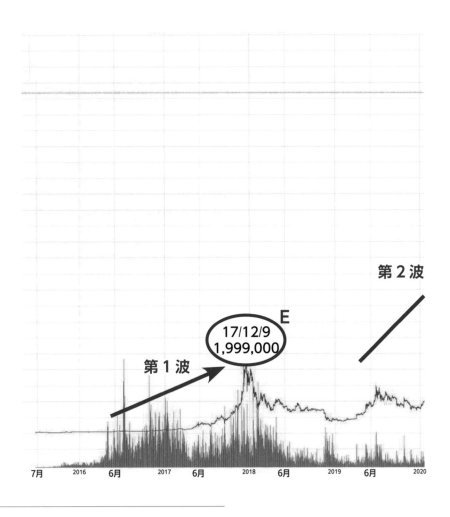

第2波

E
17/12/9
1,999,000

第1波

7月　2016　6月　2017　6月　2018　6月　2019　6月　2020

現物・日足・全期間

5月24日10:00時点
現在値：1066万2277円

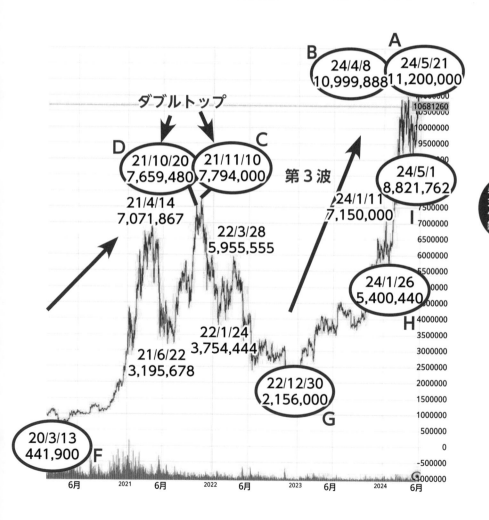

- B 24/4/8 10,999,888
- A 24/5/21 11,200,000
- 10681260
- ダブルトップ
- D 21/10/20 7,659,480
- C 21/11/10 7,794,000
- 21/4/14 7,071,867
- 22/3/28 5,955,555
- 第3波
- 24/1/11 7,150,000
- I 24/5/1 8,821,762
- H 24/1/26 5,400,440
- 22/1/24 3,754,444
- 21/6/22 3,195,678
- 22/12/30 2,156,000
- G
- 20/3/13 441,900
- F

巻末付録

装幀	藤井国敏
本文図版	スズキジュンイチ
編集	松原健一（実務教育出版）
編集協力	編集社
	金成春鷹（マスターマインド）
	Office Yuki
DTP	キャップス

‖ 著者略歴 ‖

菅下清廣（すがした　きよひろ）

投資家、ストラテジスト（投資戦略家）、スガシタパートナーズ株式会社代表取締役社長、学校法人立命館顧問、近畿大学世界経済研究所客員教授。

ウォール街での経験を生かした独自の視点で相場を先読みし、日本と世界経済の未来を次々と言い当ててきた「富のスペシャリスト」として名を馳せ、「経済の千里眼」との異名も持つ。経験と人脈と知識に裏打ちされた首尾一貫した主張にファンも多く、政財界はじめ各界に多くの信奉者を持っている。著書に、ベストセラーとなっている『今こそ「お金」の教養を身につけなさい』（PHP研究所）、『2021年まで待ちなさい！』、『資産はこの「黄金株」で殖やしなさい！』シリーズ、『株とチャートでお金持ちになる！』、『コロナバブルの衝撃！』、『ジャパン・アズ・ナンバーワン　ふたたび』（以上実務教育出版）など多数がある。

メールマガジンも好評配信中（無料）
「スガシタレポートオンライン」は、
http://sugashita-partners.com/report/
から登録できます。

【2024-2025　資産はこの「黄金株」で殖やしなさい！】
日経平均は8万円を目指す

2024年7月10日　初版第1刷発行

著　者	菅下　清廣
発行者	淺井　亨
発行所	株式会社実務教育出版

163-8671 東京都新宿区新宿1-1-12
電話　03-3355-1812（編集）　03-3355-1951（販売）
振替　00160-0-78270

印刷・製本　TOPPANクロレ株式会社

菅下清廣の国内外の
マーケットの大局観、
株式投資で成功するため
の考え方などが学べる！

**菅下清廣　無料メールマガジン
『スガシタレポートオンライン』**